AF205505

Klaus Ansorg, Wenn das Meer Tinte wäre. Religion ohne Gedöns.

Für Anja

© 2019 Klaus Ansorg

Herstellung und Verlag:

BoD – Book on Demand,

Norderstedt.

9 783749 431847

Klaus Ansorg

Wenn das Meer Tinte wäre
Religion ohne Gedöns

Inhalt

Der Weg

1.

Qualität definiert sich von den Schnittstellen her, Vertrauen lässt sich nicht verordnen, Freundlichkeit und Menschlichkeit sind nicht einklagbar. Gott will uns Menschen nicht beherrschen und Er verbietet uns nichts. Warum? Weil Er an unserer freien Entscheidung interessiert ist; denn ohne freie Entscheidung gibt es keine Liebe oder etwas, was diese Bezeichnung auch nur annähernd verdienen würde. Gott ist an unserer Liebe zu Ihm interessiert; denn Er ist es, der uns zuerst liebte. Und so macht sich auch wahre Bildung nicht an äußeren, stets wandelbaren Formen fest, sondern ist durch und durch eine Sache des Herzens. Einzig und allein die Herzensbildung, in welcher Ausdrucksform auch immer, ist es nämlich, die – frei von Ort und Stand – uns zu überzeugen vermag und weiter bringt: Wenn das Herz nicht den Schritt vorgibt, dann ist auch der beste Kopf ohne Kraft und dümpelt orientierungslos umher. Also Leute, hört zuerst auf eure Stimme des Herzens und nicht auf das Geschwätz eurer Köpfe! Das Herz gibt den Takt an, dem Kopf verbleibt es, ihm zu folgen!

Mit der Vernunft hatte ich so stets meine Probleme. Meinen Mitmenschen brachte ich z.B. fast immer, ja in einer geradezu erschreckenden Weise, stets mehr an Zuwendung entgegen und schenkte ihnen stets mehr an Materiellem als es in Anbetracht meiner bescheidenen Lebensverhältnisse üblich war. Und ohne besondere Rücksicht auf meinen Kontostand zu nehmen (was man in Verkennung meiner wahren, eigentlichen Beweggründe nur allzu oft leider als puren Leichtsinn bezeichnete), gab ich dem Personal in allen möglichen Dienstleistungsbranchen stets deutlich mehr Trinkgelder als andere. Oder ich kaufte mir für teures Geld neue Bücher, die ich schon nach wenigen Wochen bereits einem gemeinnützigen Verein zum Wiederverkauf in einem seiner Second-Hand-Läden schenkte, was ich mir bei meinem geringen Einkommen und einem „gesunden Menschenverstand" weder so noch so eigentlich hätte leisten dürfen. Ich tat es trotzdem und fühlte mich – als ehrliche Haut, die es auf dieser Erde nicht oder noch nicht allzu weit gebracht hatte – interessanterweise auch noch gut dabei!

Bezüglich meines sehr freiheitsliebenden Charakters stellte ich fest, dass ich meist ungern gehorchte, aber – wenn mir jemand etwas mitzuteilen hatte – durchaus sehr gerne zuhörte; dass ich mich stets ungern belehren ließ, aber immer gerne lernte; dass ich nie etwas wirklich zu melden hatte, aber stets gerne etwas weitergab.

Und so empfinde ich auch heute, dass wir mit Zuhören, Lernen und Weitergeben unserem Wesen als Ebenbilder Gottes eher gerecht werden als mit Gehorchen, Belehrenlassen und Meldung machen. Und dass ich so empfinde, zeigt, dass ich ein freimütiger Mensch bin, der sehr viel von Vereinbarungen hält, aber mit Verordnungen nichts, aber auch wirklich rein gar nichts am Hut hat oder anfangen kann. Und weil dem so ist, bin ich zwar ein durchaus wehrfähiger, aber bei Leibe und vor Gott kein kriegsfähiger Mensch!

2.

Die Senkrechte, d.h. die gerade und aufrechte Haltung, ist das, was einen Menschen auszeichnet. Sie ist unverzichtbarer Bestandteil der Unantastbarkeit seiner Würde. Diese gerade und aufrechte Haltung (bzw. das Streben des Menschen nach ihr) zu ignorieren, sie ihm abzusprechen, vorzuenthalten oder zu entziehen, erfüllt den Tatbestand eines Verbrechens gegen die Menschlichkeit. Ein klarer Blick gelingt nur mit gerader und aufrechter Haltung. Darum sind Helfer verpflichtet, ihren Schutzbefohlenen – im Rahmen vorhandener Möglichkeiten – zu einer geraden und aufrechten Haltung zu verhelfen, auch wenn dies nur zeitlich begrenzt durchführbar ist und der Mensch, dessen Lebenskräfte dahin schwinden oder allmählich dahin zu schwinden scheinen, immer öfter und länger in der Waagrechten verharrt.

Mit seiner Körperlichkeit pflanzt sich der Mensch grundsätzlich in der Waagrechten fort. Der Geist aber senkt sich von oben, also senkrecht, in ihn hinein. Und so legt sich der Mensch am Ende seines Lebens mit seinem Körper flach, also in die Waagrechte. Sein

Geist aber verlässt die leibliche Hülle nach oben heraus auf einer Senkrechten.

Soldaten marschieren in ihrem eigenen Selbstverständnis aufrecht und gerade. Ihr ganzer Kampf hat nur das eine Ziel: Am Ende siegreich und aufrecht gerade dazustehen und Meldung zu machen. Das eigene Volk soll in Würde sicher und aufrecht sich bewegen können. Das soldatische Mittel dazu heißt Krieg. Krieg gegen andere Menschen und Lebewesen, die eigentlich auch nur das Eine wollen: friedlich und aufrecht leben.

Militärische Organisation und Krieg sind indessen die völlig verkehrten Mittel, allen Menschen einen aufrechten Gang zu ermöglichen und zu erhalten. Denn Krieg bedeutet genau das Gegenteil davon: Verletzung, Schmerz, Hinfallen, Verlust, Krankheit und Tod, in welcher x-beliebigen Reihenfolge auch immer.

Wie schnell und grundsätzlich sind z. B. durch eine Luftwaffe ganze Stadtteile und die Lebensgrundlagen der darin lebenden Menschen zerstört. Und wie unfähig hat sich bislang noch immer jedes Militär erwiesen, Hunger, Durst und Krankheiten in Katastrophengebieten genauso schnell zu besiegen wie es auf der anderen Seite Leben und Lebensgrundlagen zu zerstören in der Lage war!

Gier, Hass und Verblendung (Unwissenheit) sind die drei großen Kriegstreiber auf unserer Erde. Wenn Gier, Hass und Unwissenheit (Verblendung) verschwinden, verschwinden auch Krieg und Zerstörungslust!

Krieg steht dabei immer für einen längeren, mit Gewalt ausgetragenen Konflikt, in dem – organisiert und mit zielgerichteten, scharfen Waffen – hart auf hart, ohne Rücksicht auf körperliche und psychische Unversehrtheit, auf Leben und Tod gestritten wird. Krieg ist also ohne eine gewisse Menschenverachtung nicht durchführbar – es ist nur die Frage, auf welcher Seite der Menschenverachtung man dabei steht! Im Krieg geht es nämlich immer um Entweder-Oder-Entscheidungen: Du oder ich? Freund oder Feind? Verlierer oder Gewinner? Herrschaft oder Unterordnung? Leben oder Tod?

Wenn mir aber das Gegenüber (das Du) genauso viel wert ist wie mein eigenes Ich; wenn ich den Feind liebe wie einen Freund und einen Verlierer behandle wie einen Gewinner; wenn meine Herrschaft ebenso wie meine Unterordnung auf umfassendem Mitgefühl und Respekt gegenüber allem Lebendigen fußt und ich keinen Tod kenne, weil ich an das Ewige Leben glaube; wenn mir grundsätzlich das Leben gebären und Leben pflegen wichtiger ist als jemandem Schaden zuzufügen, ja dann wird es mir unmöglich, einen Krieg zu führen!

3.

Als 19-jähriger leistete ich vier Monate lang Militärdienst. In dieser Zeit (genauer: sechs Wochen nach Dienstantritt) verweigerte ich dabei den weiteren Kriegsdienst. In der Truppe trat man mir nach diesem Schritt und Einschnitt in meinem Leben trotz allem weiter mit vollem Respekt gegenüber – genauso wie ich es umgekehrt auch tat. So half ich (als nunmehr auch von einem Prüfungsausschuss beim Kreiswehrersatzamt als Kriegsdienstverweigerer anerkannter Soldat) den Offizieren und Unteroffizieren gerne, wenn sie noch dringend einen Mann fürs Fußballspielen brauchten und mich diesbezüglich ansprachen. Auch mit dem Kehren der Turnhalle auf dem Kasernengelände hatte ich keine Probleme. Letztlich wurde ich aber, weil es die Dienstvorschriften nun einmal so vorgesehen hatten, mit vollen Ehren und einem dreifachen „Hurra!" aus der Wehrpflicht und damit aus dem Militär entlassen.

Leider fand mein damaliger Chef (Kompaniechef) keine Zeit, sich mit mir, dem in der Truppe voll anerkannten Kriegsdienstverweigerer, über die Kriegsdienstverweigerung im Allgemeinen und im Besonderen zu unterhalten. Schade, sehr schade. Es hätte ihm mit Sicherheit nicht zum Nachteil gereicht, wenn er es getan hätte. Mein Angebot dazu war aufrichtig und ich hätte mich über ein solches Gespräch wirklich sehr gefreut!

Ich wollte von dieser Truppe eben mehr als nur eine ehrenhafte Entlassung und ein „Okay, abgehakt, weiter in der Tagesordnung!" Und auch heute noch bin ich fest davon überzeugt, dass meine diesbezüglichen Erwartungen und Ansprüche keinesfalls zu hoch gegriffen waren, denn jedes Militär hat zweifelsfrei eine Fürsorgepflicht gegenüber seinen Soldaten. Die hatte man in meinem Fall, bei allem formalen Respekt, leider sträflich vernachlässigt. Hätte man sich mehr um mich gekümmert – ich wäre mit Sicherheit Soldat geblieben, in welcher Position und mit welcher Aufgabenstellung auch immer. Davon bin ich fest überzeugt.

Aber kann ein Militär sich denn wirklich voll und ganz um das Leben von Menschen kümmern? Vermutlich nicht, denn im Zentrum seines Bestrebens geht es ja immer um eine Vernichtung und nicht um einen Aufbau des Menschen und seines Umfeldes. So gesehen musste ich als Menschenfreund und Kriegsdienstverweigerer in militärischen Diensten quasi zwangsläufig ins Leere laufen. Und in der Tat überließ man mich in den letzten Wochen bei der Truppe meistens ganz mir selber. Den äußeren Bedingungen nach war das nichts anderes als ein Stubenarrest.

War das beabsichtigt? Ich denke: nein. Man hatte im Rahmen der Einheit, in der ich Dienst tat, einfach keine Verwendung mehr für mich und wartete nur noch auf den Umwandlungsbescheid meines Wehrdienstes in ein Zivildienstverhältnis, um mich endlich los zu werden. Keiner wollte bis dahin mit möglicherweise unrechtmäßigen Befehlen mir gegenüber dienstlich etwas falsch machen, also beschäftigte man mich lieber erst gar nicht. Ich war, obwohl vor Gesundheit strotzend und topfit, als staatlich anerkannter Kriegsdienstverweigerer für diese Truppe schlicht und ergreifend nicht mehr einsetzbar und äußerte meinen Unmut darüber. Der Chef (Kompaniechef) zeigte bei meiner Entlassung aufrichtiges und volles Verständnis dafür.

Die Truppe, in der ich diente, war Bestandteil des „Panzerzentrum Südwest" der BRD. Dieses wurde im Jahre 2006 komplett aufgelöst.

4.

Schon Erasmus von Rotterdam, der große Humanist, trat zu Beginn des 16. Jahrhunderts als Kriegsdienstgegner auf. Ob das dem damaligen Militärs nun passte oder nicht, das war ihm egal, schließlich war er ja nicht abhängig von ihnen.

Nun, Erasmus beschäftigte sich 1508 unter anderem mit einem Ausspruch des spätantiken, christlichen Militärfachmanns Flavius Vegetius Renatus. Dieser hatte gesagt: „Süß scheint der Krieg den Unerfahrenen (Dulce bellum inexpertis)". Erasmus' Interpretation dieses Textes (separat als Buch gedruckt und bis heute immer wieder neu aufgelegt) „wurde zu einem leidenschaftlichen Plädoyer gegen den Krieg und formulierte eine christliche Begründung des Pazifismus. Christus und Krieg, so Erasmus, passten noch weniger zueinander als Christus und ein Hurenhaus, denn Krieg sei elend und verbrecherisch, die schrecklichste Sache, die es gebe, Christus dagegen stehe für Frieden, Freundschaft, Nächstenliebe und ‚Toleranz'. Frieden definierte Erasmus als eine Freundschaft vieler untereinander. Er könne mit dem zehnten Teil der Sorgen, Strapazen, Beschwerlichkeiten, Gefahren und Kosten geschaffen werden, mit denen ein Krieg herbeigeführt werde. Einen Brudermord nennt es Erasmus, wenn ein Christ einen anderen Christen töte. Die im Mittelalter von den Theologen entwickelte Lehre vom gerechten Krieg hält er für problematisch, da immer irgendwelche Herrscher nach Gutdünken entschieden, was gerecht sei. Kritik übt Erasmus sogar an den damals aktuellen Kriegen gegen die Türken und an der damit verbundenen Verteufelung des Islam. Er bezeichnete die Moslems als ‚halbchristlich' und behauptet, manche Türken lebten in Wahrheit christlicher als viele sogenannte Christen." (Martin H. Jung, Die Reformation. Wittenberg-Zürich-Genf 1517-1555. Marixverlag, o. J. (2016), ISBN 978-3-7374-1028-1, S. 9 f.).

„Theologiegeschichtlich am bedeutsamsten", so schreibt Martin H. Jung weiter, „war Erasmus' erstmalige Edition eines griechischen Neuen Testaments auf der Basis alter Handschriften, 1516 in Basel gedruckt, verbunden mit einer Neuübersetzung aus dem Griechischen in das Lateinische, womit Erasmus die Fehlerhaftigkeit der in Theologie und Liturgie gebräuchlichen, im 4. Jahrhundert (also im Zeitalter der römischen Kaiser Konstantin und Theodosius, K.A.) geschaffenen lateinischen Übersetzungen nachwies." (Martin H. Jung, a.a.O., S.10). Bekanntlich dienten seine Übersetzungen auch als Grundlage für Luthers Übertragung der Bibel ins Deutsche – wobei Luther selbst wiederum, „dem Volk aufs Maul schauend", bei seiner Übersetzung in Deutsche viel nach eigener Intuition und Gutdünken vorging. Damit verhielt er, Luther, sich wie die damaligen politischen Herrscher, die, nach eigenem Abwägen und Gutdünken, alleine darüber entschieden, welcher Krieg gerecht und welcher ungerecht sei. Das Schicksal der Andersdenkenden war ihnen dabei oft ziemlich egal, sie wollten – wie auch Luther – ihre eigene, persönliche Macht und Herrschaft über die Geister auf dieser Erde durchsetzen, koste es, was es wolle! Dies ist, leider, auch die große Schattenseite Luthers. Bekanntlich hetzte er nach seinen Bibelübersetzungen ganz übel gegen die Juden, billigte Hexenverfolgungen und Kriege nach innen (Bauernkriege) und außen (Türkenkriege); siehe: https://www.giordano-bruno-stiftung.de/meldung/luther-hassprediger , abgerufen am 8. Februar 2019.

Ein Grund dafür war, davon bin ich fest überzeugt, dass er über Jahrzehnte hinweg sich ziemlich ungesund ernährte und zu viel Alkohol trank: Er kultivierte einen ziemlich ungesunden Lebensstil! Seinem Charakter nach blieb er zudem stets derb und handfest. Mit Sicherheit war er kein „Sensibelchen". Hochsensibilität war und blieb diesem Mann völlig wesensfremd.

Martin H. Jung hebt noch einen anderen, interessanten Befund bezüglich des Zeitalters, in dem Erasmus von Rotterdam lebte, hervor: „1498", so schreibt er, „gelangte der Portugiese Vasco da Gama tatsächlich, über das Kap der Guten Hoffnung, auf dem Seeweg nach Indien und bewies die Verbindung des Atlantiks mit dem Indischen Ozean. Portugiesische Kaufleute reisten nach China. In der Folge wurde das Abendland mit einer bis dahin nicht bekannten Religion, dem Konfuzianismus, konfrontiert. Seine hohen ethischen Ansprüche forderten das Christentum heraus. Gab es Menschen, die ohne von Christus gehört zu haben, christlicher lebten als viele Christen? Diese Frage drängte sich auf und erregte alsbald die Gemüter." (Martin H. Jung, a.a.O., S. 11).

Ein Soldat im Dienste menschlicher Herrschaft soll in der Lage sein:

- menschlichen Befehlen bedingungslos Folge zu leisten und zu gehorchen;

- einen leidenschaftlichen, starken Vernichtungs-willen zu entwickeln und für gut zu befinden;

- seine natürliche Tötungshemmung gegenüber anderen, zu lebensbedrohlichen Figuren erklär-ten Menschen zu überwinden;

- seinen natürlichen Fluchtreflex in gefährlichen, aussichtslos erscheinenden Situationen zu un-terdrücken.

Ein Soldat im Dienste göttlicher Herrschaft soll in der Lage sein:

- göttlichen Befehlen bedingungslos Folge zu leisten und zu gehorchen;

- einen leidenschaftlichen, starken Aufbauwillen zu entwickeln und für gut zu befinden;

- seine natürliche Tötungshemmung gegenüber anderen, zu lebensbedrohlichen Figuren erklärten Menschen zu begrüßen;

- seinen natürlichen Fluchtreflex in gefährlichen, aussichtslos erscheinenden Situationen zu akzeptieren.

Bei diesen Zeilen denke ich natürlich sofort an die Heilsarmee. Aber auch Männer wie Ludwig Quidde, Adolf Richter, Magnus Schwantje und Hans Paasche sind für mich als Historiker hier von Bedeutung. Deutschland war und ist eben nicht nur ein Land, in dem Kaiser Wilhelm II. und Adolf Hitler bedeutendeTöne von sich gaben!

Die Quelle

1.

Ich fühlte mich wie eine elende Kreatur in schlechten Zeiten, die kurz vor ihrem vollständigen Garaus stand, da zu viele Sorgen, Ängste und Zweifel, schmutzige Belastungen und dunkle Gedanken in ihr fest steckten. In diesem Zustand schloss ich vor der Quelle meine Augen und hörte auf das Wasser, das aus der Dunkelheit ans Licht drang. Die ruhige Kraft seiner sanften Stimme teilte mir nach einer Weile mit, dass ich meine Augen wieder öffnen könne. Ich folgte dieser Stimme (ja, ich konnte gar nicht anders!) und bemerkte plötzlich, dass alles, aber auch wirklich alles, ständig in Bewegung ist und eine nie und nimmer in Zweifel zu ziehende Macht aus der reinen Wasserquelle, zu der ich Zuflucht genommen hatte, als allumfassende Liebe gegenüber allen Kreaturen es nicht zulässt, bessere Zeiten auszuschließen, so wie ich es in meiner Vergangenheit für mich und alle anderen Geschöpfe in tiefer Verblendung und mit von übler Geisterhand diktierter Anmaßung sooft getan hatte. Yes and just at the same time all the bad things that had found their way deep into me were washed away. Und die Kraft dieser reinen Wasserquelle sprach zu mir: „Freund des Volkes, höre, denn ich habe dich bei deinem Namen gerufen! Ohne Sorgen sollst du von nun an in meinen Diensten stehen!" I left this glorious place of purification as an entirely new creature.

2.

Und Er sprach zu seinen Engeln:

„Es wird einer kommen, der trägt das Wort Jesu Christi bei sich. Er zweifelt noch in seiner Standhaftigkeit, bereitet ihm den Weg! Er wird das Wort im Kreise der Menhire verkünden, wo man nach meinem Wort dürstet! Seht, ich will durch ihn – einen leibhaftigen Menschen aus Fleisch und Blut, ein gestandenes Mannsbild – Jesu Bergpredigt sprechen lassen und damit ihn und diesen Ort heiligen! Und alle, die es hören, werden erstaunt und angenehm berührt sein; denn er wird mit Vollmacht sprechen, und nicht wie ein Schriftgelehrter; und er ist, trotz all seiner Zweifel, ein Standfester, hält das Wort in den Händen und seine Stimme ist eine reine Wohltat in aller Kreaturen Ohren! Ja, mein Wort hat nicht den Klang einer Trompete, und gerade deshalb ist es umso wirkungsvoller! Es gibt keinen Grund für die Menschheit, sich selbst zu feiern; deshalb habe ich gerade diesen Tag zur Heiligung auserwählt, einen der Tage, an dem die Bewohner dieser Stadt es sich zur Tradition gemacht haben, mit Trompeten selbst zu feiern und mit blinden oder üblen Augen, tauben oder falschen Ohren, üblen oder ohne Gedanken vor meiner Schöpfung durch die Gegend zu laufen! Heute ist der Tag, an dem sie meiner gedenken sollten, an dem sie aber nur daran denken, sich in allem Dreck und Schmutz selbst zu lieben! Dieser Mensch indes ist ein edler Zeuge für das, was ich ihnen geboten habe und ich freue mich aus ganzem Herzen, dass er heute auf mein Geheiß hin sich von dieser Stadt abgewendet hat und sich nicht daran beteiligt, meine Perlen vor die Säue zu werfen!"

3.

Voller Energien in die Fahrradpedale tretend, schrie es in mir, klar und deutlich fordernd, in festem Rhythmus: „Du, der Du mich erschaffen hast, bist mir auf die Frage, was denn eigentlich der Sinn meines Lebens ist, noch eine direkte Antwort schuldig! Ich will von Dir, und nur von Dir, auf diese Frage heute bei den Menhiren eine klare, direkt an mich, und nur an mich, gerichtete Antwort!

Gespannt auf die Antwort traf ich, zu meiner Überraschung, bei den Menhiren auf einen Vater, der seine Kinder das am östlichen Rande der Menhiranlage fließende Bächlein (ein klar fließendes, quicklebendiges Gewässer) in seinem Lauf ganz spielerisch wahrnehmen, auf sich einwirken und seine Transportfähigkeiten (mit allen natürlichen, vorgegebenen Grenzen und Möglichkeiten, kleinen Ästchen und Steinen, schwimmenden und anhaftenden Blättern und Hölzchen) aktiv und selbstständig erkunden ließ. Seine Kinder waren ein ca. 6 Jahre altes, springlebendiges Mädchen und ein ca. 1 Jahr alter Junge, der in einem zum Bächlein hin abgestellten Kinderwagen saß. Es waren Kinder, die sich immer wieder (wie ich!) respektvoll, aber mit Nachdruck, fragend und fordernd an ihren Vater wendeten.

Der Vater war und blieb in seinen Reaktionen und Antworten auf die Lebensäußerungen und Anforderungen seiner Kinder stets ruhig und gelassen. Er hegte bei allem, unter allen vorliegenden Um-ständen, keinerlei Zweifel und war erfüllt von der Freude über seine Geschöpfe, deren Bedürfnisse und Fähigkeiten wie auch deren ganz individuellen, altersgemäßen Erkenntnisdrang er sehr gut einzuschätzen wusste. So umsorgte er sie – immer mal wieder dezent eingreifend und die Richtung aufzeigend, wie es weiter zu gehen habe – ruhig und souverän.

Ich stellte mich in einigem Abstand unter meine geliebten und (obwohl schon völlig entlaubt, so dennoch wie gehabt) schützenden Baumzweige und blickte über die große Wiese hinweg nach Südwesten in die über den Baumwipfeln untergehende Sonne hin-ein. Neben mir war im Baumstamm ein Herz ohne Namen eingeritzt, was mir ganz klar und unmissverständlich sagte: Ich hab dich lieb!

Der Vater (und mit ihm seine minderjährigen Kinder) ließ mich allein zurück, während ich andächtig in die untergehende Sonne schaute.

Ja, mein Vater vertraute mir, dass ich es in der von ihm geschenkten Freiheit recht machen werde, denn er kennt die Spielräume der Freiheit und er behütet jeden nicht mehr als es sein muss!

In einigem Abstand von mir, auf halb rechter Seite, hielt auf dem die große, lang gestreckte Wiese durchschneidenden Weg, ein Pärchen seine Fahrräder an. Die Frau von den beiden machte dann einige Fotos von der großen Wiese, an deren westlichen Rand hinter den Baumwipfeln soeben gerade die Sonne untergegangen war: Fotos von der Heiligen Wiese, die vor mir lag und auf der es so vieles und dennoch so rein gar nichts zu sehen gab!

Auf dem Weg nachhause kam ich schließlich in großen Abständen an mehreren Einzelindividuen vorbei: einem Mann im fortgeschrittenem Alter und drei Frauen – eine im mittleren, eine weitere im höheren und die letzte im jüngeren Lebensalter. Jedes dieser Einzelindividuen übermittelte mir allein durch seine reale Existenz und eigenen Art der natürlichen Fortbewegung eine ganz spezielle Botschaft. Es waren Botschaften, die mich an diesem Sonntag, dem Ewigkeitssonntag, in meinem Status Quo deutlich umrahmend einordneten und mir zeigten, was für ein ganz normaler, auserwählter Mensch ich bin!

Ich bin meinem Vater sehr dankbar. Denn voller Trost war ich mir von jetzt an gewiss, dass ich nie und nimmer alleine mit mir bin, egal welche Fragen mich drängen oder auch nicht! Der Sinn des Lebens? Liebe empfangen und weitergeben! Ja, das war's und ist's

und wird es sein. Der Schöpfung aufrecht und recht-
schaffen, nach bestem Wissen und Gewissen dienen:
Mensch, was willst du mehr? Liebe pflanzt sich fort,
von Ewigkeit zu Ewigkeit. Das hast Du, Vater, mir an
diesem Tag gezeigt und vorgeführt. Ich danke Dir dafür!

Der Beherbergungsvertrag

1.

Streitet nicht über Gottes Wort!

Aber was ist Gottes Wort? Was wird als Gottes Wort anerkannt?

Anerkennen setzt Erkennen voraus und nach dem Erkennen das Annehmen.

Und Annehmen heißt Beherzigen. Wenn jemand etwas nicht anerkennt, dann hat er es nicht beherzigt, nicht beherbergt.

Beherbergen kann man nur etwas, mit dem man von Auge zu Auge in Kontakt und in einen Austausch, einen vorurteilsfreien Austausch kommt und einen Vertrag, einen Beherbergungsvertrag, schließt.

Ich habe mit Gottes Wort einen Beherbergungsvertrag geschlossen. Die Bhagavad Gita, der Koran, die Bibel: sie alle haben einen leibhaftigen und festen Platz in meiner Wohnung.

Für die Beherbergung der Heiligen Schriften verlange ich nichts. Es ist mir eine Freude und Ehre, Gastwirt sein zu dürfen und ich danke Gott, dass er bei mir, jeden Tag aufs Neue, einziehen möchte.

Gotteslohn ist ein Geschenk und wird dem zuteil, der sich um sein Anklopfen und Anfragen, eintreten zu dürfen, mit Liebe kümmert.

Verherrlicht nicht euer eigenes geschriebenes Wort, sondern erhöht Gott und seine Maßstäbe! Erhöht nicht euch selbst und eure Einrichtungen, in denen ihr so oft, viel zu oft, nur an euren eigenen Vorteil, euren hinterlistigen Gewinn und euren vordergründigen Genuss denkt!

Werdet demütig, lobpreist und betet, anstatt zu diskutieren und euch gegenseitig fertig und nieder zu machen, ihr Gottesfürchtigen überall! Keiner unter euch mache des anderen Platz vor Gott streitig. „In meines Vaters Hause", sagt Jesus Christus, „sind viele Wohnungen. Wenn's nicht so wäre, hätte ich dann zu euch gesagt: Ich gehe hin, euch die Stätte zu bereiten?"
 (Johannes-Evangelium 14,2)

Gautama Siddhartha, Jesus von Nazareth, Mohammed der Prophet

- Keiner von ihnen wollte einen Kult um seine Person, keiner wollte angebetet werden.
- Keiner von ihnen hinterließ irgendwelches persönliches Eigentum.
- Keiner von ihnen hat etwas Heiliges persönlich aufgeschrieben.
- Keiner von ihnen sprach die Heiligen Worte in unterschiedlichen Sprachen, sondern jeder sprach sie in EINER Sprache.
- Alle verkündeten das Wort und keine Schrift.
- Alle sprachen von Tatsachen, und nicht von Möglichkeiten.
- Alle bewegten sich in der Zeit ihres irdischen Lebens innerhalb eines eng begrenzten geographischen Raums und waren für jedermann, der von ihnen hörte, direkt erreichbar.
- Alle wiesen EINEN Weg.

2.

Jesus Christus ist nicht verantwortlich für all die schlimmen Verbrechen, die im Namen des Christentums begangen wurden. Ebenso wenig ist auch Mohamed verantwortlich für all die schlimmen Verbrechen, die im Namen des Islams begangen wurden. Kein Mensch kann darüber hinaus bewerten, welche Verbrechen in ihrer Gesamtheit schlimmer waren und sind. Es sollte uns genügen, dass all diese Verbrechen sehr schlimm waren und wir nicht vor Gott als Richter über die Menschen, die sie verübten, auftreten sollen. Das lehrt uns Jesus Christus in seiner Bergpredigt an mehreren Stellen, wenn er sagt:

- Judge not, that you be not judged. For with what judgement you judge, you will be judged; and with the measure you use, it will be measured back to you.
- But I say to you, love your enemies.
- Agree with your adversary quickly, while you are on the way with him.
- For if you love those who love you, what rewards have you?

- And if you greet your brethren only, what do you more than others?
- For I say to you, that unless your righteousness exceeds the righteousness of the scribes and Pharisees, you will by no means enter the kingdom of heaven.

Es ist deshalb völlig daneben, stets nur auf die Verbrechen, die im Namen einer anderen als der eigenen Religion begangen wurden, hinzuweisen und sich selbst mit der eigenen Religion als etwas Besseres hinzustellen.

Jesus Christus sagt auch:
- And when you pray, you shall not be like the hypocrites. For they love to pray standing in the synagogues and on the corners of the streets, that they may be seen by men.
- But you, when you pray, go into your room, and when you have shut your door, pray to your Father, who is in the secret place.
- Take heed that you do not do your charitable deeds before men, to be seen by them.

Gläubige Christen sollten sich dieser ganz zentralen Worte des Messias Jesus Christus erinnern, und nicht abwertend und aburteilend auf andere Religionen hinweisen; denn damit tragen sie ja nur das Üble weiter. Und sie tun es voller Hochmut, ohne es selbst zu wissen oder sich einzugestehen. Ich denke, dass für Jesus Christus Hochmut einer derjenigen Dinge war, die er am meisten verabscheute. Das Gegenteil von Hochmut, die Demut, ist ein ganz zentraler Schlüsselbegriff in seiner Lehre.

3.

Ich habe meine Zuflucht zum Buddha genommen, also bin ich ein Buddhist. Ich habe mein Leben Jesus Christus übergeben, also bin ich ein Christ. Ich habe mich zum Islam bekannt, also bin ich ein Muslim. Ich verehre Krishna, also bin ich ein Hindu

Die Heiligen Schriften widersprechen sich nicht. Lege mir irgendjemand einen Beweis vor, dass dem nicht so sei! Es sind Menschen, welche die Unterscheidungen machen und sie tun es nur aus Eigennutz, um als Menschen über andere Menschen zu herrschen.

Wie endlos weit ist diese, ihre Geisteshaltung von der meines Schöpfers, Seiner Kraft der Liebe und Barmherzigkeit gegenüber allen Seinen Kreaturen auf dieser Welt, entfernt! Ja, Seine Liebe und Barmherzigkeit sind grenzenlos, sie gehen weit über jedes menschliche Begreifvermögen hinaus!

„Sag: ‚Wenn das ganze Meer Tinte wäre für die Worte meines Erhalters, wäre das Meer fürwahr erschöpft, ehe die Worte meines Erhalters erschöpft sind! Und (also würde es sein,) wenn Wir zu ihm Meer über Meer hinzufügen würden.‘"
(Sure 18, 109)

Gott, mein Erhalter, vermag alles und noch mehr. Wer von den Gläubigen würde ihn ansonsten „Allmächtiger" nennen? Zuflucht zum Buddha nehmen, sein Leben Jesus übergeben, das muslimische Glaubensbekenntnis ablegen: Ist das alles drei vor und für Gott möglich, so wie Er Vater, Sohn (*) und Heiliger Geist und alles andere aus der Liebe zum Leben heraus Geborene zugleich sein kann?

(*) So auch Jesus Christus, der ja bekanntlich für Menschen, aber natürlich niemals für Gott gestorben war, ist und sein wird.

Ja und nochmals ja! Denn was Menschenhand nicht imstande ist, aus eigener Kraft und eigenem Verstand heraus zu bewirken und zu verstehen, Gott kann es! Für Ihn ist es ein Leichtes, das zu tun, wozu kein Mensch von sich aus, aus eigener Machtfülle, je in der Lage sein wird!

Ich bin Buddhist, denn ich habe meine Zuflucht zum Buddha genommen! Ich bin Christ, denn ich habe mein Leben Jesus übergeben! Ich bin Muslim, denn ich habe mich zum Islam bekannt!

Und so lebe ich auf dieser Welt wie ein Hund, dem man die Frage stellt: „Glaubst du an Gott?" – Der Hund wird, egal welches Lippenbekenntnis ich von mir gebe, mich betrachten, auf mein Herz und meine Handlungen schauen und somit wahrnehmen, ob ich ihn liebe oder nicht, es gut oder böse mit ihm meine! Ja, er wird mich an den Früchten erkennen, spüren wie empathisch ich bin oder nicht und was ich für ihn im Frieden tue oder nicht. Denn, Leute, machen wir uns nichts vor, darum geht es: um die Liebe und den Frieden! Ja, Gott wirkt Wunder. Darum: Streitet nicht über Gott und Sein Werk, streitet nicht über Seine Wunder, o ihr Gläubigen überall!

Christliche Äpfel und muslimische Birnen

1.

Dieser ewige Streit zwischen Christen und Muslimen über die Göttlichkeit Jesu! Jesus Christus wäre der Allerletzte von den Allerletzten gewesen, der dies gewollt hätte; denn seine Botschaft (die Botschaft Gottes, die er mit Seinem Geist unter die Menschen brachte) ist eine Botschaft der Liebe und ganz das Gegenteil von Zwietracht und Streit!

Ja wer wollte das bestreiten: Sein Geist war göttlich, seine (körperlichen) Bedürfnisse und Empfindungen aber waren menschlich! Nichts, aber auch absolut nichts, war hier göttlich zu nennen. Denn Gott ist perfekt, er hat keine menschlichen Bedürfnisse – obwohl er sie natürlich alle kennt – und menschliche Empfindungen wie z.B. Angst – obwohl er auch diese alle sehr wohl kennt.

Wenn Jesus Christus im Jerusalemer Garten Gethsemane vor seiner Verhaftung aus lauter Angst Blut und Wasser schwitzte – nun, dann zeigte er damit, dass er ein Mensch war; denn Gott kennt keine Angst und schwitzt kein Blut und Wasser! Und wenn er, Jesus, am Kreuz sprach: „Vater, Vater, warum hast du mich verlassen?!", dann ist auch das ein klarer Beweis dafür, dass Jesus eben nicht voll und ganz Gott war und ist. Gott schickte ihn auf die Welt und Er sprach zu den Menschen durch ihn, nicht mehr und nicht weniger! Jesus Worte sind also nicht seine eigenen Worte, sondern Gottes Worte. Das bestreitet auch kein Muslim, wirklich kein einziger!

„Es lebe Jesus!" Für mich gibt es wirklich keinen vernünftigen Grund, warum nicht auch Muslime diesen Satz aussprechen könnten. Aber sie, die Muslime, kamen und kommen aus einer anderen Kultur, wo, leider, christliche Attitüden als lebensbedrohend abgelehnt wurden und werden. Wer wollte es ihnen verübeln! Denn schließlich waren und sind es ja immer wieder sich christlich nennende weltliche Herrscher, die ihnen Waffen zum Töten verkauften und verkaufen und Krieg in ihre Länder hinein exportierten und exportieren. Ich verstehe von daher die Vorbehalte von Muslimen gegenüber Christen sehr gut!

Wer sich allerdings mit den Heiligen Schriften (den Originalen, dem geoffenbarten Wort Gottes in der Bibel und im Koran) beschäftigt und sie studiert, der wird glasklar erkennen, dass es keinen Unterschied in ihren Aussagen, wohl aber in ihren menschlichen Interpretationen und Beiwerken (von allen sprachlichen Missverständnissen und Übersetzungsproblematiken einmal abgesehen) gibt. Und weil diese Auseinandersetzungen um Interpretationen und Beiwerke auf dieser Welt scheinbar niemals enden wollen, gerade deshalb ist ja die Botschaft Gottes eine Botschaft, die sich – über jede Vernunft und jeden Verstand hinaus – zu allererst und zu allerletzt an die Herzen der Menschen wendet!

Sowohl dem römischen Kaiser Konstantin der Große als auch Mohammed (dem Propheten Gottes) in Medina war es zu unterschiedlichen Zeiten zur Lebensaufgabe gemacht worden, weltlich zu herrschen. Das heißt, ihre jeweilige Lebensaufgabe bestand öffentlich nicht darin, auf Macht und Einfluss zu verzichten, sondern – ganz im Gegenteil – darin, ihre Macht konkret für jeden in ihrem Reich sichtbar, konkret fassbar und immer deutlicher werden zu lassen. Beiden ging es um eine Entfaltung ihrer Macht innerhalb der historischen Sozialsysteme, in der sie als Menschen lebten. Aus diesem Grund ist es ja so außerordentlich wichtig, vor allem die Offenbarungen des Korans in medinensischer Zeit stets auch in ihrem historischen Kontext zu betrachten und zu würdigen. (-> Mouhanad Khorchide von der Universität Münster in Westfalen weist zu Recht immer wieder darauf hin.) Von dieser weltlichen, amtlichen Last war Jesus Christus vollkommen frei. Jesus mit Mohammed zu vergleichen wäre daher nichts anderes, als einen Apfel mit einer Birne zu vergleichen.

Ich rate zum Genuss von Äpfeln und Birnen; denn beide, wirklich beide, tun den Menschen gut. Ich kann nicht sagen: „Ein Apfel ist besser als eine Birne" oder: „Eine Birne ist besser als ein Apfel". Kein vernünftig denkender Mensch käme auf einen solchen Gedanken. Aber: Je nach der Konstitution des einen oder anderen Körpers, ist ein Apfel oder eine Birne bekömmlicher, leichter verdaulich und verwertbarer. Ganz zu schweigen von dem unterschiedlichen Geschmack, den Apfel und Birne haben! Geschmack (und damit einhergehend eine gewisse Bekömmlichkeit und Verträglichkeit) ist aber immer kulturell vermittelt. Und vor allem: Über Geschmack lässt sich streiten! Beide Lebensmittel – Apfel wie Birne, Christentum wie Islam – sind mir aber so wertvoll und wichtig, dass ich hier nicht über den Geschmack und das Beiwerk streite.

Ich esse übrigens Äpfel und Birnen gleichermaßen gerne und sie tun mir beide gut! Dabei muss ich allerdings bekennen, dass ich in meinem Leben von klein auf stets mehr Äpfel als Birnen gegessen habe, weil das bei uns zuhause so üblich war. Von daher kenne ich mich mit Äpfeln, deren Zubereitung und Genuss auch besser aus als mit Birnen.

Der Vergleich von Äpfeln mit Birnen zeigt mir zudem, dass ich als Muslim sehr wohl täglich Jesu Bergpredigt rezitieren kann, genauso wie ich umgekehrt als Christ täglich die fünf Ritualgebete des Islam verrichten darf, ohne als „ein Abtrünniger" vor Gott zu stehen. Ganz im Gegenteil: Beides (also das tägliche Rezitieren der Bergpredigt Jesu und das Verrichten der fünf Ritualgebete) hilft mir, meinen Glauben und meine Glaubenspraxis zu vertiefen, beides gibt mir Halt und Struktur in meinem Leben. Und genau das ist es ja, was Gott will!

Starb Jesus am Kreuz?

- Jesus war für die Menschen, und nicht für Gott gestorben!

- Gott ließ Jesus nicht übel am Kreuz verrecken!

- Christen sprechen vom „Wunder der Auferstehung". Kein vernünftiger Muslim wird diesen, ihren Glauben belächeln und als Unsinn abtun!

- Gottes Macht ist grenzenlos, kein menschlicher Verstand kann sie voll erfassen. Für Gott gibt es nichts zu wundern.

- Gott kann, mit menschlichem Verstand nicht nachvollziehbar, in jedes Leben eingreifen und dabei alles, wozu kein Mensch mehr fähig ist, vom Schlechten ins Gute verwandeln. Es ist somit das für uns Menschen absolut nicht mehr Hinterfragbare, was als ein Wunder wahrgenommen wird.

2.

Es gibt sehr viele rechtschaffene, rechtgläubige, rechtgeleitete, friedliebende Hindus, Buddhisten, Juden, Christen, Muslime Bahais usw. Als Christ steht es mir nicht an, kann und will ich nicht über sie urteilen. Siehe dazu das, was Jesus Christus in seiner Bergpredigt sagt!

Meine Erfahrung ist zudem, dass es überhaupt keinen Sinn macht, mit gläubigen, überzeugten Christen über den Koran zu reden, wie es umgekehrt in meinen Augen auch überhaupt keinen Sinn macht, mit gläubigen, überzeugten Muslimen über die Bibel zu reden usw. Denn das führt nur dazu, dass die jeweiligen Eitelkeiten, sich für etwas Besseres zu halten, zusätzlich befeuert werden. Und natürlich will dann jeder seinen Glauben, seine Überzeugung, seine Religion als die wirklich einzig wahre Religion darstellen und scheuen viele dieser Geister nicht davor zurück, Texte aus den Heiligen Schriften der jeweils anderen Religion völlig aus ihrem Zusammenhang (und dazu gehört immer auch aus dem Zusammenhang ihres jeweiligen historischen Kontextes) herauszureißen und bewusst in ein schlechtes, bei Zuhörern und Zuschauern wenig Vertrauen erweckendes, zwielichtiges Licht zu rücken, um dann mit einem warnenden, drohenden Finger auf den gottesfürchtigen Andersgläubigen zu zeigen: „Schaut mal, was für einer Irrlehre der folgt!" Ja, überzeugte Christen haben meist keine rechte Ahnung vom Koran und überzeugte Muslime meist keine rechte Ahnung von der Bibel. Woher denn auch?

Aber auch innerhalb jeder einzelnen Religion gibt es sehr verschiedene Strömungen, Glaubensauffassungen, Glaubensbekenntnisse, theologische Auslegungen, Kommentare, Interpretationen und Rechtsschulen – ganz zu schweigen von der immensen Anzahl unterschiedlicher Glaubenspraktiken, Zeremonien und Gottesdienste. Da spricht so mancher dem anderen den „richtigen Glauben" ab, schlimm ist das!

„Wer von euch ohne Schuld ist, der werfe den ersten Stein", sagt Jesus Christus den Schriftgelehrten, die eine Ehebrecherin steinigen wollen. Natürlich kann keiner den ersten Stein werfen und für sich damit den Anspruch erheben, alles immer richtig zu machen und gemacht zu haben, um dann die Position des anderen, des Nächsten, zu erniedrigen, ihn zu strafen oder gar zu töten. Gott liebt uns alle, seien wir nun Christen oder Muslime oder was weiß ich sonst noch. Gottes Liebe ist grenzenlos!

Jesus Christus ist mein Freund und Meister. Er ist nicht „mein Herr" und ich bin nicht „sein Knecht". In Johannes 15,15 spricht Jesus zu seinen Anhängern: „Ich sage hinfort nicht, dass ihr Knechte seid; denn ein Knecht weiß nicht, was sein Herr tut. Euch aber habe ich gesagt, dass ihr Freunde seid; denn alles, was ich von meinem Vater gehört habe, habe ich euch kundgetan." In Johannes 7, 16-17 sagt er: „ Meine Lehre ist nicht von mir, sondern von dem, der mich gesandt hat. Wenn jemand dessen Willen tun will, wird er innewerden, ob diese Lehre von Gott ist oder ob ich von mir selbst aus rede."

Jesus Christus hat also niemals Göttlichkeit für sich beansprucht. So schreibt z.B. der Evangelist Johannes: „Das ist aber das ewige Leben, dass sie dich, der du allein wahrer Gott bist, und den du gesandt hast, Jesus Christus, erkennen." (Johannes 17,3). Und in Markus 10, 17 ff. wird Jesu Begegnung mit einem reichen Jüngling geschildert, der ihn fragte: „Guter Meister,

was soll ich tun, damit ich das ewige Leben ererbe?"
Jesus antwortete ihm darauf: „Was nennst du mich
gut? Niemand ist gut als Gott allein!"

Das Amtsblatt

1.

In Glaubensfragen kann und darf es keinen Zwang geben. Eigentlich sollte das sowohl bei Christen als auch bei Muslimen (siehe Sure 2, 256) selbstverständlich sein. Ist es aber nicht, leider. Ich kann hier nicht von meinen Erfahrungen als Muslim sprechen, aber von meinen Erfahrungen als Christ, der in einer christlich-amtskirchlichen Tradition aufgewachsen ist und als Erwachsener jahrelang unter kirchlicher Herrschaft lebte und arbeitete.

Im Jahre 1994 entschloss ich mich nämlich, eine Ausbildung als Altenpfleger zu beginnen, was ich dann auch tat. Aber in unserer Stadt und in ihrem weiteren Umkreis war das nur an einer evangelisch-lutherischen Einrichtung möglich. Kein Problem für mich, auch wenn ich x-Jahre zuvor, im Jahre 1977 bereits, dieser Kirche den Rücken gekehrt hatte und – ganz formal und offiziell und ohne Gründe angeben zu müssen – mit einer einfachen Willensbekundung beim zuständigen Amtsgericht aus ihr ausgetreten war. Ich frage mich heute natürlich, warum keiner, aber auch wirklich absolut gar keiner, sich damals für meine Austrittsgründe interessierte! War ich kein Mensch? Und wenn doch, ist „Kirche" nicht, ihrem Selbstverständnis nach, für Menschen da und gedacht? Egal, Schwamm drüber, ich bin nicht nachtragend.

Nun, Kirchenzugehörigkeit war auch keine Bedingung dafür, von dieser Altenpflegeschule als Schüler angenommen zu werden. Auch im Bewerbungsverfahren um einen Platz an dieser Schule war das zu keinem Zeitpunkt in irgendeiner Form ein Thema. Einige meiner Mitschüler waren ebenfalls keine Kirchenmitglieder, es gab sogar Muslimas unter ihnen.

In der Altenpflegeschule selbst bestand der religiöse Aspekt des Unterrichts einzig und allein darin, dass irgendein Pfarrer uns völlig lustlos und gelangweilt irgendeinen nicht prüfungsrelevanten „Religionskundeunterricht", der natürlich ein christlicher Religionskundeunterricht war, erteilte, und zwar über 2 Jahre hinweg alle 2 Wochen 2 Unterrichtsstunden lang. Was uns Schüler wirklich bewegte, was wir dachten oder taten, das interessierte ihn überhaupt nicht. Er redete stets glatt an uns vorbei in die Luft hinein. Mancher kicherte darüber, aber insgesamt blieben wir doch ruhig; denn es waren sehr bequeme Unterrichtsstunden, die sich keiner verderben lassen wollte, zumal dieser Unterricht ja sowieso unvorhergesehen oft ausfiel und nicht nachgeholt wurde und wir stattdessen eine wirklich freie Zeit genießen konnten.

Einmal hatte dieser, von der Kirche zum Dienst in der Altenpflegeschule abgestellte Pfarrer, eine glorreiche Idee. Es war herrliches Sommerwetter. Wir sollten paarweise nach draußen gehen und zu zweit jeweils einen Baum in der näheren Umgebung aufsuchen, von dem wir uns angezogen fühlten. Dann sollten wir uns, schweigend mit ihm zugewendeten Gesichtern, um diesen Baum herum stellen und ihn, den Baum, auf uns einwirken lassen. Die Augen dabei zu schließen wäre hilfreich, sei aber keine Bedingung. Zirka 15 Minuten sollten wir so den Kontakt mit dem Baum aufrechterhalten und unsere Gefühle beobachten. Nach 20 Minuten sollten wir dann alle wieder in den Klassenraum zurückkehren und von unseren Eindrücken und Gefühlen, die dieser Baum bei uns bewirkt und hinterlassen habe, berichten. Er selbst, der Pfarrer, würde im Klassenraum bleiben und dann unsere Gefühle und Eindrücke gemeinsam mit uns sammeln, sortieren und auswerten.

Ich und ein Schulfreund waren auf der Suche nach einem geeigneten Baum weit vom Gelände der Altenpflegeschule abgekommen. Schließlich befanden wir uns am Rande eines hochreifen Kornfeldes, an und in dem sich herrliche Blumen der Sonne entgegen streckten. Da schon viel Zeit bei diesem Spaziergang vergangen war und wir immer noch nicht einen unseren Empfindungen entsprechenden Baum gefunden hatten, beschlossen wir, ein paar Blumen und Kornhalme zu pflücken und mit diesem Strauß zurückzukehren. Natürlich waren jetzt mehr als 20 Minuten verstrichen und alle anderen bereits beim schildern ihrer Eindrücke. Als wir an die Reihe kamen, erzählten wir alles so, wie es sich zugetragen hatte und das wir bei allem die Zeit vergessen hätten. Der Pfarrer war deswegen nicht verärgert, im Gegenteil: er freute sich sehr über den hübschen Blumen- und Kornährenstrauß, den wir ihm schließlich mit einem Lächeln als Geschenk überreichten. Leider ist dies die einzige Episode aus dem Religionskundeunterricht in der Altenpflegeschule, die bei mir hängen geblieben ist.

Kaum hatte ich das Altenpflegeexamen in der Tasche, da stellte man mich, einen bereits während seiner Altenpflegeschulzeit in einem Praktikum vor Ort bewährten Mann, befristet als Pflegefachkraft bei der evangelisch-lutherischen Diakonie ein. Im Bewerbungsgespräch mit dem Leiter der entsprechenden Diakoniestation, wiederum einem Pfarrer, war ich allerdings überrascht darüber gewesen, dass ich von ihm mit keinem Wort nach meinem Glauben bzw. meinem Glaubensbekenntnis oder sonstigen Glaubensüberzeugungen gefragt wurde. Das überraschte mich umso mehr, da ich ja 19 Jahre zuvor bereits aus der Kirche ausgetreten und somit seither weder ein evangelisch-lutherisches noch ein sonstiges christliches Kirchenmitglied mehr war. Glauben und Kirche spielten für diesen Pfarrer also offenkundig – zumindest im Bewerbungsgespräch mit mir – keine Rolle mehr. Er trat dennoch sehr freundlich und sichtlich um mich bemüht auf; denn er brauchte ja, das wusste ich, ganz dringend Verstärkung für den ihm unterstellten, evangelisch-lutherischen, diakonischen Pflegedienst.

Am Ende des sehr positiv verlaufenden Gespräches sollte ich dann aber doch noch ein Papier unterschreiben, in dem ich versichern sollte, als künftig in kirchlichen Diensten tätige Pflegefachkraft öffentlich nichts Negatives über die Kirche zu äußern. Meine Nachfrage, was denn unter „Kirche" zu verstehen sei, brachte den Pfarrer dabei etwas aus seinem Konzept; denn mit dieser Frage hatte er nun offenbar nicht gerechnet. „Ja, das steht irgendwo in den Amtsblättern da oben", antwortete er nervös, wobei er mit seinem rechten Arm auf ein hohes Wandregal deutete, in dem eine Vielzahl, in wohlfeiles (um nicht zu sagen: edles) Material eingebundener Bände mit goldenen Schriftzügen auf ihrem Rücken, dicht an dicht in Reih und Glied nebeneinander standen. – „Ja, da hätte ich gerne eine Kopie von." – „Das lässt sich machen, ich lasse eine entsprechende Kopie für Sie anfertigen." – „Vielen Dank!"

Unterschreiben tat ich jetzt natürlich noch nichts. Erst nachdem ich die versprochenen Kopien erhalten und studiert hatte, unterschrieb ich den Arbeitsvertrag und diese „Kirchenklausel", d. h. das Maulkorb-Gebot. Denn da „die Kirche" seit meinem vor x-Jahren erfolgten Kirchenaustritt weder eine positive noch eine negative größere Bedeutung für mich mehr gehabt hatte und sie deshalb auch von meiner Seite aus eigentlich überhaupt keiner Erwähnung mehr wert war, deshalb hatte ich schließlich auch null Probleme damit, diesen kircheninternen Maulkorberlass zu unterschreiben.

Als es später dann mal wieder um eine neuerliche Verlängerung meines befristeten Arbeitsvertrages in der Diakonie ging, teilte mir die Pflegedienstleitung in einem Vier-Augen-Gespräch mit, dass man mir sicher einen unbefristeten Vertrag angeboten hätte, wenn ich „in der Kirche" wäre, sprich: wieder in die Kirche eintreten würde. Ich könnte mir das ja nochmal überlegen. So könne sie leider nichts weiter für mich tun. Mehr als einen diesmal auf 9 Monate befristeten Vertrag könne man mir nicht anbieten.

Sollte ich in diesem Zeitfenster von 9 Monaten eine Schwangerschaft austragen? Diese Frage drängte sich in mir förmlich auf und zeigte – auf dem Hintergrund, dass mein jetziger Arbeitsvertrag bereits in 4 Wochen auslaufen sollte – wie perfide diese „Bedenkzeit" mich unter Druck setzen sollte, endlich wieder ein Kirchensteuer zahlender Christ zu werden.

Trotz meiner fachlich tadellosen Arbeitsleistung und dem weiterhin bestehenden Mangel an qualifizierten Pflegekräften, empfand ich dieses von der obersten Verwaltung meines Arbeitgebers mithilfe der Pflegedienstleitung, also meiner unmittelbaren Dienstvorgesetzten, ausgesprochene Angebot einer 9-monatigen Verlängerung meines Arbeitsverhältnisses echt entwürdigend. Ich spürte, wie meine anerkannten Kompetenzen bei der Arbeit vor Ort durch dieses Angebot regelrecht mit Füßen getreten wurden, fühlte mich beschämt und beleidigt zugleich. Ein um 9 Monate verlängerter Arbeitsvertrag, davon hatte ich noch nie gehört! Ein Konfessionsloser wie ich zählte wohl nicht viel, es sei denn, er wäre bereit, zu einer steuerzahlenden, kirchlichen Melkkuh zu mutieren. Mein Steuerbeitrag, auf den man spekulierte, schien interessant, nicht ich als Mensch!

Auch heute empfinde ich es nach wie vor als überaus demütigend, wie man mich seitens meines damaligen, kirchlichen Arbeitgebers unter Existenzdruck gesetzt hatte – einhergehend mit der Hoffnung, dass ich klein beigeben würde, wenn man nur geschickt genug mit meinen Existenz- und Verlustängsten spielte. Man wollte mich, mehrere Wochen nach einer Anfrage meinerseits, mit dem bewusst verzögert ausgesprochenen 9-Monate-Angebot also „weich klopfen" und gefügig machen ein Papier zu unterschreiben, das meinen Wiedereintritt in die Amtskirche besiegelt hätte. Aber da waren sie an den Falschen geraten!

Wer mich kennt, der weiß, dass ich auf ein solches Angebot nie und nimmer eingegangen bin und ich meine Seele nicht an die Amtskirche verkauft habe, so wie ich grundsätzlich meine Seele nicht an irgendwelche Geistlichkeiten verkaufe. Erst recht natürlich nicht an eine rein weltlich ausgerichtete, selbstverliebte, machtbesessene, über Leichen gehende Obrigkeit.

Martin Luther, auf den sich die Herren der Diakonie-station ja stets stolz beriefen, war einer, der von jedermann absolute Unterwerfung unter die regierenden Herrscher forderte. Ob diese menschenfreundlich-friedlich oder menschenfeindlich-kriegerisch gesinnt waren, das war ihm offenbar zur Durchsetzung seiner Weltanschauung ziemlich egal, Hauptsache sie unterstützten seine Position. Allein aus diesem Grunde ist Martin Luther für mich schon lange kein Maßstab gebender Lehrer mehr. Oder anders: Wenn ich die Bibel habe und mit diesem Gotteswort einen Beherbergungsvertrag in meinem Herzen abgeschlossen habe, für was brauche ich auf dieser Erde heute noch einen Martin Luther?

Einer ehemaligen Mitschülerin aus der Altenpflege-schule, der ich auf ihre Anfrage hin einen Job als Pflegefachkraft und Kollegin in der Diakonie vermittelt hatte, war wie ich konfessionslos, trat aber späterhin in die Kirche wieder ein, damit sie die frei werdende Stelle als stellvertretende Pflegedienstleitung (um die sie sich beworben und bei deren Neubesetzung man sich letztlich für sie entschieden hatte) auch wirklich antreten konnte. Einziger Grund für sie, diesen Schritt zu tun, war die deutlich höhere Dotierung der Position einer stellvertretenden Pflegedienstleitung gegenüber der Position einer einfachen Pflegefachkraft. Glaubensfragen spielten bei ihrer Entscheidung überhaupt keine Rolle.

Zum gesellschaftlichen Hintergrund ist dabei zu sagen, dass die Amtskirchen an vielen Orten in unserer Republik, so auch in meiner Heimatstadt, fast ein Monopol haben, wenn es um soziale Einrichtungen geht. Zumindest ist die Auswahl an Jobs für jemanden, der im sozialen Bereich hier arbeiten möchte, deutlich geringer, wenn er kein amtliches Kirchenmitglied ist – was natürlich zur Folge hat, dass viele Mitbürger nur pro forma, aber nicht vom Herzen her, Mitglieder dieser Amtskirchen sind oder werden wollen.

Es ist damit fast so als lebte man in einer Wüste, in der es weit und breit nur einen Lebensmittelladen gibt, in dem alle hier lebenden Wüstenbewohner einkaufen, weil es keine Alternative zu diesem Laden gibt. Aber das wird nicht gesagt, denn es hat ja jeder die Freiheit, dort nicht einzukaufen. Da aber die Menschen gar nicht anders können als in diesem einen Laden einzukaufen, wird hier ein falsches, heuchlerisches Spiel mit dem Begriff „Freiheit" getrieben!

Mit Gottes Hilfe fand ich in unmittelbaren Anschluss an meine Zeit bei der amtskirchlichen Diakonie eine andere, unbefristete Arbeitsstelle bei einem privaten Pflegedienst. Seinem christlichen Inhaber war es dabei von vorneherein völlig egal, welchem Glaubensbekenntnis ich angehörte oder auch nicht.

2.

Um bei dem römischen Kaiser Konstantin dem Großen (Regierungszeit 306-337, ab 324 als Alleinherrscher) Gehör (= eine Audienz) zu bekommen, musste man sich erst 3x vor ihm niederwerfen (= 3x ihm huldigen) und 1x sein purpurnes Gewand küssen. Erst dann durfte man zu ihm reden. Genau das taten die christlichen Bischöfe (Abgesandten), die von ihm, Konstantin, zum Ersten Konzil von Nicäa im Jahre 325 berufen worden waren. Nachdem sie Gehör gefunden hatten, entschied der Kaiser, was als Recht in christlichen Glaubensfragen in seinem Reich zu gelten habe und legte dazu dogmatische Glaubenssätze fest. Dazu gehörte auch, dass fortan Jesus Christus als Gott zu verherrlichen sei. Ja er, der Kaiser (ein Heide, der den Sonnengott verehrte), entschied damals, was die Christen in seinem Reich zu glauben hatten!

Die Bischöfe akzeptierten es unter der Garantie, dass ihr Glaube von Staats wegen niemals mehr verfolgt, angeprangert und verurteilt werden durfte. War das für die Christen ein cleverer oder ein weniger cleverer, ein schmutziger deal? Ich würde sagen, es war ein schmutziger deal, ein Verrat an der Sache Gottes! Weder Juden zuvor noch Muslime danach hatten sich jemals vor einem weltlichen Herrscher niedergeworfen und ihm damit (noch vor Gott!) die Ehre erwiesen, auch in größter Bedrängnis nicht. Lieber waren sie dazu bereit, für ihren anderen Glauben in den Tod zu gehen – so wie auch die unzähligen Christen, die sich einem Erlass des römischen Kaisers Theodosius des Großen widersetzten, welcher, in der Nachfolge von Konstantin dem Großen, den römisch-katholischen Glauben, unter Androhung von Strafen für Leib und Leben, zur alleinigen Staatsreligion in seinem Reich erklärte. Es war also nicht Kaiser Konstantin, sondern Kaiser Theodosius (Regierungszeit 379-394), der die

Glaubensfreiheit rechtlich abschaffte. In seiner Regierungspraxis allerdings tolerierte Theodosius noch Vieles, was vom römisch-katholischen, christlichen Glauben abwich.

Als religiöser Hardliner trat dagegen der später regierende, oströmische Kaiser Justinian I. (482-565; Alleinherrscher 527-565) auf. Für ihn, der beanspruchte seine Herrschaft direkt von Gott empfangen zu haben, gab es – auch in seiner Regierungspraxis – keinerlei Toleranz mehr gegenüber Andersgläubigen. „Justinian ordnete 545/546 die Verfolgung nichtchristlicher Grammatiker, Rhetoren, Ärzte und Juristen an und ließ im Jahre 562 heidnische Bücher öffentlich verbrennen. Die Kindstaufe wurde zwangseingeführt, die Nichtbeachtung mit dem Verlust von Eigentum und Bürgerrecht bestraft, das Festhalten am „hellenischen" Glauben bzw. die Apostasie (= Abwendung vom christlichen Glauben) nach der Taufe mit der Todesstrafe. Dies war ein entscheidender Schritt, da nun praktisch jeder Reichsbewohner bereits als Kind getauft wurde und ein Abfall vom Christentum als grundsätzlich todeswürdiges Verbrechen galt."

(https://de.wikipedia.org/wiki/Justinian_I.#Religionsp
olitik, abgerufen am 20.01.2019).

Aber Gott ist kein grausamer Gott, sondern ein lie-
bender, gütiger Gott. Und somit offenbarte er sich zur
Zeit des oströmischen Kaisers Herakleios (575-641;
Regierungszeit 610-641) durch den Erzengel Gabriel
im arabischen Mekka seinem Diener Mohammed mit
klaren Worten zur Religionsfreiheit (-> Sure2, 256) und
dem (immer wieder im Koran betonten) Grundsatz,
dass in Glaubensangelegenheiten allein Gott dereinst
Richter über das sein wird, worüber sich die Menschen untereinander auf der Erde nicht einig werden
konnten.

Auf gesamtdeutschem Boden wird erst ab 1919 mit
Inkrafttreten der Weimarer Verfassung die weltanschauliche Neutralität des Staates festgeschrieben und
zugleich dem einzelnen ungestörte Religionsausübung garantiert. Doch das währte bekanntlich nicht
lange. Unter der Herrschaft der Nationalsozialisten
1933-1945 wurde die weltanschauliche Neutralität des
Staates und die von ihm garantierte freie Religionsausübung für alle im Deutschen Reich wieder aufgeho-

ben. Seit 1949 in Westdeutschland und seit 1990 in Gesamtdeutschland gibt es wieder die formaljuristische Neutralität des Staates in weltanschaulichen und religiösen Angelegenheiten und die staatliche Garantie der ungestörten Religionsausübung für jedermann.

Sich erkenntlich zeigen

1.

Es gibt ein Buch von einem Japaner (Yoshinori Nagumo), das trägt den Titel: „Ein leerer Magen macht gesund" (Deutsche Erstausgabe von 2014 (München, Wilhelm Goldmann Verlag, ISBN 978-3-442-22049-6); japanische Originalausgabe von 2012). Es ist ein Therapiebuch, das in seiner Anwendung in den Industriestaaten mit Überflussgesellschaften – als da wären z.B. die USA, Japan, Deutschland – durchaus Sinn macht. …Aber macht ein solches Buch Sinn in Staaten und Gesellschaften, in denen der Hungertod für Menschen etwas Alltägliches ist? Nein, mit Sicherheit nicht. In diesen Staaten – z. B. im Jemen und in Somalia – würde dieses Buch, allein seinem Titel nach, blanken Zynismus darstellen und eine krasse Menschenverachtung signalisieren. Der Autor käme damit seinem Ziel, nämlich zu einer höheren Lebensqualität des Einzelnen und der Gesellschaft als Ganzes mit beizutragen, wohl kaum näher. Er käme mit seinem (an sich ja gut gemeinten) Ansatz in den von schlimmen Hungerkata-

strophen chronisch heimgesuchten Ländern alles andere als gut an und es würde mich nicht wundern,
wenn er hier (sofern dieses Buch überhaupt angeboten wird) nicht nur erfolglos bleiben, sondern auch
volles Unverständnis, heftigen Widerspruch, ja sogar
Unmut und Proteste bis hin zum Zorn ernten würde!

2.

Nun, Erfolglosigkeit bei gut gemeinter Absicht hätte
womöglich auch dem christlichen Entwicklungshelfer
in dem vom Hunger und chronischen Wassermangel
geplagten Somalia gedroht, wenn er in diesem zu über
95% muslimisch geprägten Land mit einem Lippenbekenntnis seinen christlichen Glauben betont hätte, um
damit eine gute Botschaft (die Botschaft Jesu Christi,
das Evangelium) weiter zu tragen. Man fragte ihn
nämlich direkt, ob er auch ein Christ sei, also jemand,
der Alkohol trinkt, Schweinefleisch isst und von sexu-
eller wie lebenspartnerschaftlicher Treue nicht allzu
viel hält. All diese Fragen konnte er (als Christ!) jedoch
mit gutem Gewissen verneinen. Und so war er in den
Augen der – sicherlich nicht allzu weit über ihren eigenen Tellerrand hinaus gebildeten, aber äußerst gast-

freundlichen – Somalier zwar ein gottgläubiger Mann, aber eben kein Christ!

Der Entwicklungshelfer vermied es auch weiterhin (es bestand dazu ja auch keine Notwendigkeit), sich selbst als Christ zu outen. Guten Mutes begab er sich also mit seinen Leuten, einheimischen Begleitern und seinen Gerätschaften tags drauf in die Halbwüste, um wie geplant für die Bewohner eines völlig verarmten Dorfes einen Brunnen zu bohren. „Ja was bist du denn, wenn du keiner von diesen Alkoholtrinkern und Schweinefleischessern bist wie diese Christen?" fragte ihn, dort angekommen, ein Dorfbewohner, der hier offenkundig viel zu sagen hatte und Klarheit haben wollte; denn kein Einheimischer wollte sich von irgendeinem dahergelaufenen, selbsternannten Weltverbesserer helfen lassen, ohne zu wissen, ob es ein wirklich Rechtgläubiger ist, der uneigennützig helfen will oder nicht doch einer, der nur an sein eigenes Geschäft und seinen eigenen Vorteil denkt.

Der Entwicklungshelfer wusste um all die furchtbaren, schlimmen Vorurteile gegenüber erklärten Christen in diesem zutiefst muslimisch geprägten Land, und dennoch wollte er als überzeugter Christ diesen dürstenden Menschen so schnell und gut wie möglich helfen. Würde aber ein theologischer Disput den Menschen hier wirklich dabei helfen, schnell und gut die dringend benötigte, neue Wasserquelle zu erschließen? „Nein", sagte er sich, „das würde nur zusätzliche und vielleicht sogar unüberwindbare Schwierigkeiten mit sich bringen, den Leuten hier eine Wasserquelle zu erschließen." Und so sagte er, der in seinem Herzen tief überzeugte Christ, zu den armen, ungebildeten, muslimischen Dorfbewohnern, dass er ein muslimischer Scheich sei. Da runzelten sie die Stirn und sagten, dass sie ihm das erst glauben würden, wenn er wiederkäme und die Brunnenbohrung eine dauerhafte, neue Wasserquelle frei legen würde. Er musste nämlich mit seinen Leuten noch einmal zurück in die weit entfernt gelegene Stadt, um einige spezielle Gerätschaften für die Brunnenbohrung zu organisieren. Und so versprach er – als aufrichtiger Christ, ohne dies jedoch laut heraus zu posaunen – wiederzukommen, um dann mit der Bohrung nach dem Wasser zu beginnen, einer Bohrung, die mit Sicherheit ein Erfolg sein werde.

Tage vergingen und die Dorfbewohner blieben skeptisch. Hatte dieser Mann nur herum geflunkert, so getan als ob, und kam aus Angst vor der Wahrheit, die er nicht sagen wollte, nämlich dem drohenden Misserfolg der Bohrung, nicht mehr zurück, ganz entgegen seinen Versprechungen? Kam er zurück? – Ja, er kam und bohrte in die Erde so tief hinein, bis aus ihr das heiß ersehnte Wasser sprudelte!

War dieser Mann nun ein Christ oder ein Muslim? Keiner der Dorfbewohner stellte mehr eine solche Frage! Warum auch, denn das war und ist bis heute allen aufrichtigen, gottgläubigen Menschen sonnenklar: „By their fruits you will know them!" An den Früchten (und an nichts, aber auch rein gar nichts anderem) werdet ihr sie erkennen!

3.

Was würde denn passieren, wenn ich an einem gut besuchten und beaufsichtigten deutschen Badesee mich mitten unter die Sonne legen und damit beginnen würde, lauthals 108x am Stück „Hare Krishna ..." zu singen? Würde ich damit das richtige Signal am richtigen Ort setzen? Würde ich damit etwas zum Guten hin bewegen? Nein, denn es würde an diesem Ort definitiv nix bringen, im Gegenteil! Und so kenne ich auch eine Muslima, die ihre Gebetszeiten vom Herzen her stets einhält, auch in einer nicht muslimisch geprägten Umgebung. Nein, sie rollt dazu nicht in aller Öffentlichkeit ihren Gebetsteppich aus, sondern sie geht in die abschließbare Umkleidekabine eines Warenhauses. Hat dies nicht auch Jesus Christus in seiner Bergpredigt empfohlen?

4.

Eine buddhistische Nonne, kahlgeschorener Kopf, schlichte Nonnentracht und eine Muslima, Kopftuch, Vollverschleierung. Was ist da der Unterschied? Sind nicht beide auf dem gleichen Pfad der höchsten Hingabe? Sind nicht beide leibhaftige Frauen, die ihre Hingabe demonstrativ zeigen? Gebührt nicht beiden der gleiche Respekt und die gleiche Hochachtung?

Klar, freiwillig müssen ihre Entscheidungen getroffen worden sein, sonst machen sie, geistlich gesehen, keinen Sinn – weder in der Lehre des Buddhas noch in der Lehre des Heiligen Koran. Doch woher soll ich als

Fremder wissen, ob die Entscheidungen, eine Nonnentracht bzw. eine Vollverschleierung zu tragen, bei diesen Frauen wirklich freiwillig geschah? Warum unterstellt in diesem Zusammenhang unsere westliche Gesellschaft der buddhistischen Nonne in der Regel eine freie Entscheidung, der voll verschleierten Muslima aber nicht?

Nun, es gibt selbstverständlich auch andere als religiöse Gründe für Frauen, sich für eine Nonnentracht bzw. eine Vollverschleierung zu entscheiden. In Deutschland z. B. wurden bis in die Neuzeit hinein nicht verheiratungsfähige Frauen von ihren Eltern gerne in einem Nonnenkloster untergebracht bzw. zur Ehre der Familie hinein gedrängt und mit Stolz zu einem wahren göttlichen Segen für alle Anverwandten erklärt; verschaffte doch die Tatsache, dass ein eigener, leiblicher Angehöriger im Kloster lebte, landauflandab ein zusätzliches, hohes gesellschaftliches Ansehen! – In gewissen orientalischen Gesellschaften muss eine verheiratete Frau zur Ehre ihrer Familie in der Öffentlichkeit vollverschleiert auftreten. Das scheint offenkundig – ob das jemanden passt oder nicht – nun mal Fakt zu sein.

In all diesen Fällen gibt es also keine geistig-innerlichen, sondern nur weltlich-äußere Beweggründe; keine freie Entscheidung des einzelnen, sondern nur die gebundene Entscheidung vieler – was scheinbar völlig okay ist im Rahmen der jeweils gültigen, normativ-faktischen Herrschaftsstrukturen und Lebensmilieus, in die sich das Einzelindividuum im eigenen Kulturkreis hinein sozialisiert. Wie sollte es, das Einzelindividuum, in seiner heimatlichen Gemeinschaft – der es ja sein Äußeres mit seiner leiblichen Existenz verdankt – auch ansonsten überleben? Der Mensch ist nun mal ein soziales Wesen, ohne Nestwärme und Geborgenheit in der Gemeinschaft mit anderen Lebewesen hat er keinerlei Lebenschancen!

Einen Zwiespalt zwischen „geistig-innerlich, voll überzeugt" und „weltlich-äußerlich, voll untergeordnet" kann man auch in der Lebensweise von Karl Marx (geb. 1818, gest. 1883) beobachten. Lebte er doch meistens in wirtschaftlich äußerst prekären Verhältnissen und bitterer Armut, pflegte aber, in völligem

Kontrast dazu, als Intellektueller und Wissenschaftler mit seiner Familie einen von Kindesbeinen an gewohnten, klassisch-bildungsbürgerlichen (und somit auch ziemlich kostenintensiven) Lebensstil! (Vielleicht waren diese Lebensumstände ja auch ein Grund dafür, weshalb er die Herrschaft des Proletariats, also der mehr oder weniger großen Habenichtse, in seinem Lehrgebäude so vehement propagierte.) Gefangen in seiner bürgerlichen Lebenswelt heiratete Karl Marx, ein Atheist mit Leib und Seele, sogar kirchlich und trat, standesgemäß, trotz seiner ätzenden Kritik an Kirche und Religion, bis zu seinem Tod nicht wieder aus der Kirche aus.

Lag dieser Kirchenzugehörigkeit wirklich eine freiwillige, aus tiefster Seele entsprungene Entscheidung zugrunde? Sicher nicht. Sie muss ihm, Karl Marx, geistig-innerlich völlig widersprochen haben. Es waren zutiefst weltlich-äußere Beweggründe, die ihn daran festhalten ließen.

Wie aber soll ich es als außen Stehender beurteilen können, was wie im Einzelfall bei einem mir persönlich fremden Individuum in dieser Hinsicht zutrifft oder nicht? Wie soll ich beurteilen können, ob die Art seines öffentlichen Auftretens nicht doch im Wesentlichen durch weltlich-äußere Faktoren bestimmt wird und nicht allein seiner geistlich-inneren Überzeugung entspringt? Habe ich nicht so oder so – also in jedem Fall – die Pflicht, der entsprechenden Person mit Achtung und Respekt gegenüber zu treten und als gottgläubiger Mensch keinen Unterschied zwischen ihnen zu machen?

Heilige Schriften

Heilige Schriften lassen keinen Leser darüber im Unklaren, mit welchen Mitteln und auf welche Art und Weise ein Leben im Hier und Jetzt zum Wohle der eigenen Person und zum Wohle von allem, wofür wir Verantwortung tragen, zu führen ist. In einer global vernetzten Welt ist diese Verantwortung natürlich auch eine globale Verantwortung. Eine globale Verantwortung, deren Wahrnehmung neben der eigenen Geisteshaltung stets auch von den eigenen Lebensumständen, vorhandenen Fähigkeiten und verfügbaren Gestaltungsmöglichkeiten gefördert oder eingeschränkt wird. Und dennoch: Auf unserer Welt gibt es kein „Damit-habe-ich-nichts-zu-tun", kein Nichtkommunizieren (= kein absolutes Schweigen), keine Nichtbewegung (= keinen Stillstand). Kurzum: Alles, aber auch wirklich alles, bleibt auf dieser Erde stets im Fluss und jeder einzelne von uns trägt mit Verantwortung dafür, wie die Dinge in ihm, zuhause, vor der eigenen Haustür, national und global ablaufen.

Auch über das, was uns nach dem irdischen Leben erwartet, lassen die Heiligen Schriften uns nicht im Unklaren. In ihnen wird nämlich das, was uns erwartet, stets klar beschrieben und immer wiederholt, damit wir Menschen es uns auch wirklich einprägen und verinnerlichen können.

Dass für unser nachirdisches Leben die Art und Weise wie wir heute, im Hier und Jetzt, mit uns und unseren Mitmenschen und allen anderen Mitlebewesen, unseren eigenen Lebensgrundlagen und der Umwelt, umgehen und, darauf aufbauend, unser eigenes Leben gestalten, dass dies alles darüber entscheidet, was wir nach unserem irdischen Leben zu erwarten haben, auch darüber sind sich ausnahmslos alle Heiligen Schriften einig.

Ich will hier nicht allzu weit in die Details gehen, denn ich kann und will dem Leser nicht das eigene Studium der Heiligen Schriften ersetzen. Dennoch sind mir 3 Offenbarungen Gottes an dieser Stelle von besonderer Bedeutung, weshalb ich sie im Folgenden explizit erwähnen möchte. Vielleicht wird dann auch verständlich, warum ich mich auf den ersten Seiten dieses Buches ganz bewusst als Pazifist geoutet habe.

Ich sage „als Pazifist" und nicht „als Richter"; denn nur Gott allein kann Richter sein. Und solange er nicht gerichtet hat, bin auch ich kein besserer Mensch als andere!

Nun, Gott hat uns, was ich bereits ausführte, mit seinen Heiligen Schriften klare und deutliche Ermahnungen zur Lebensführung an die Hand gegeben. Dazu zählen unter anderem als Offenbarungen: 1. Die 7 Gebote für Noah und seine Nachkommen 2. Die 10 Gebote für das Volk Israel. 3. Christi Worte an den reichen Jüngling.

Ich gebe im Folgenden die 10 Gebote für das Volk Israel in ziemlicher Ausführlichkeit wieder. Für Menschen, die nicht dem Volk Israel angehören, also keine Juden sind, gilt eine abgespeckte Form dieser Gottesgebote. Denn nach jüdischem Glauben und jüdischer, wie auch meiner Überzeugung, sind wir alle Nachfahren Noahs, seiner 3 Söhne und 3 Schwiegertöchter. Diese 3 Söhne schwärmten mit ihren Ehefrauen nach der (in der Arche überstandenen) Sintflut in 3 verschiedene Himmelsrichtungen aus und gründeten eigene Völker. Für diese anderen Völker gelten nach jüdischem Glauben die 7 Gebote Noahs, die jedem

Nichtjuden, der sie ernsthaft befolgt, einen ewigen Anteil am künftigen Leben sichert. Also: Auch Nichtjuden können nach jüdischem Glauben ins Paradies eingehen, zu Gott, dem Herrn, heimkehren! Gott hat sich nicht nur dem jüdischen Volk, sondern allen Völkern auf der Erde klar und eindeutig offenbart!

Die 7 Gebote Noahs

(1)   Glaube an den alleinigen Gott, keine Götzen anbeten.

(2)   Respekt und Lob vor Gott, nicht lästern, keine Blasphemie betreiben.

(3)   Respekt vor dem Leben, nicht morden.

(4)   Respekt vor der Familie, nicht ehebrechen.

(5)   Respekt vor dem Eigentum, nicht stehlen.

(6)   In der Gemeinschaft, der man angehört, mithelfen Gesetze zu erlassen und eine Gerichtsbarkeit aufzubauen.

(7)   Respekt vor der Schöpfung bewahren, keine Tiere quälen, wohltätig handeln.

„G-tt gründete die Welt auf Wohltätigkeit. Arme und Kranke geben uns eine vorzügliche Gelegenheit, diese noble Charaktereigenschaft zu entfalten. Wohltätigkeit muss nicht unbedingt in Form von Geld zum Ausdruck kommen, es könnte auch ein gutes Wort, ein Lächeln, ein Krankenbesuch oder das Zurückgeben eines verlorenen Gegenstandes sein."
(https://de.chabad.org/library/article_cdo/aid/998918/jewish/Die-7-Gebote-Noachs.htm ;abgerufen 7. März 2019)

Die 10 Gebote für das Volk Israel

1. Ich bin JHWH, dein Gott, der dich aus Ägypten geführt hat, aus dem Sklavenhaus. Du sollst neben mir keine anderen Götter haben.

2. Du sollst dir kein Gottesbild machen und keine Darstellung von irgendetwas am Himmel droben, auf der Erde unten oder im Wasser unter der Erde.
Du sollst dich nicht vor anderen Göttern niederwerfen und dich nicht verpflichten, ihnen zu

dienen. Denn ich, der Herr, dein Gott, bin ein eifersüchtiger Gott. Bei denen, die mir Feind sind, verfolge ich die Schuld der Väter an den Söhnen, an der dritten und vierten Generation; bei denen, die mich lieben und auf meine Gebote achten, erweise ich Tausenden meine Huld.

3. Du sollst den Namen des Herrn, deines Gottes, nicht missbrauchen, denn der Herr lässt den nicht ungestraft, der seinen Namen missbraucht.

4. Gedenke des Sabbats: Halte ihn heilig!
Sechs Tage darfst du schaffen und jede Arbeit tun. Der siebte Tag ist ein Ruhetag, dem Herrn, deinem Gott geweiht.
An ihm darfst du keine Arbeit tun: du, dein Sohn und deine Tochter, dein Sklave und deine Sklavin, dein Vieh und der Fremde, der in deinen Stadtbereichen Wohnrecht hat.
Denn in sechs Tagen hat der Herr Himmel, Erde und Meer gemacht und alles, was dazugehört; am siebten Tag ruhte er.

Darum hat der Herr den Sabbattag gesegnet und ihn für heilig erklärt.

5. Ehre deinen Vater und deine Mutter, damit du lange lebst in dem Land, das der Herr, die Gott, dir gibt.

6. Du sollst nicht morden.

7. Du sollst nicht die Ehe brechen.

8. Du sollst nicht stehlen.

9. Du sollst nicht falsch gegen deinen Nächsten aussagen.

10. Du sollst nicht nach dem Haus deines Nächsten verlangen. Du sollst nicht nach der Frau deines Nächsten verlangen, nach seinem Sklaven oder seiner Sklavin, seinem Rind oder Esel oder nach irgendetwas, das deinem Nächsten gehört.

(https://de.wikipedia.org/wiki/Zehn_Gebote ; abgerufen 6. März 2019; vgl. auch 2.Mose (Exodus) 20,2-17)

Nun, natürlich möchte ich an diesem Punkt gerne noch aus dem Koran zitieren. Da stellt sich z.B. (aus westlicher Sicht insbesondere) die Frage nach dem Gebot „Du sollst nicht morden." Die Aussage des Korans dazu ist eindeutig, sie steht in Sure 17, 33:

„Und nehmt keinem Menschen das Leben – (das Leben) das Gott heilig zu sein gewollt hat – außer in (der Ausübung von) Gerechtigkeit."

Was ist „Ausübung von Gerechtigkeit?" Dies ist:

(1)   Die Ausführung eines gesetzlichen Urteils.

(2)   Persönliche, rechtmäßige Selbstverteidigung.

(3)   Ein gerechter Krieg. Dazu sagt Sure 2, 190:
        „Und kämpft für Gottes Sache gegen jene, die Krieg gegen euch führen, aber begeht keine Aggression – denn, wahrlich, Gott liebt Aggressoren nicht."
        Und selbst für diesen Krieg gelten nach dem Koran besondere Vorschriften!

Für mich hat der Koran ganz klar eine Frohe Botschaft zu verkünden, die definitiv auch andersgläubige Monotheisten mit einschließt:

„Wer könnte darum ruchloser sein als jene, welche das Nennen von Gottes Namen an (jedwedem) Seiner Häuser der Anbetung verhindern und sich um ihre Zerstörung bemühen, (obwohl) sie kein Recht haben, sie zu betreten, außer in Furcht (vor Gott)? Ihnen steht Schmach in dieser Welt bevor; und im kommenden Leben schreckliches Leiden."
(Sure 2, 114)

Muhammad Asads Kommentar zu diesem Vers: „Es ist eines der Grundprinzipien des Islam, dass jeder Religion, die den Glauben an Gott als ihren Mittelpunkt hat, voller Respekt erwiesen werden muss, wie sehr man auch mit ihren besonderen Lehren nicht übereinstimmen mag. Somit sind die Muslime verpflichtet, jedwedes Gott geweihte Haus der Anbetung zu ehren und zu schützen, sei es eine Moschee oder Kirche oder Synagoge (vergl. den zweiten Abschnitt von Sure 22, Vers 40); und jeder Versuch, die Anhänger eines anderen Glaubens daran zu hindern, ihren eigenen Vorstellungen gemäß Gott anzubeten, wird vom Qur'an als Sakrileg verurteilt. Eine eindrucksvolle Veranschaulichung erfuhr dieses Prinzip durch die Behandlung, die der Prophet im Jahre 10 H. der Gesandtschaft aus dem christlichen Nadschran zuteilwerden ließ. Sie erhielten freien Zugang zur Moschee des Propheten und vollzogen mit seiner vollen Zustimmung dort ihre religiösen Riten, obwohl ihre Anbetung von Jesus als ‚Sohn Gottes' und von Maria als ‚Mutter Gottes' völlig unvereinbar mit islamischen Glaubensvorstellungen ist." (Siehe auch unten, S. 122 f.)

„Wahrlich, jene, die Glauben (an diese göttliche Schrift) erlangt haben, wie auch jene, die dem jüdischen Glauben folgen, und die Christen und die Sabier – alle, die an Gott und den Letzten Tag glauben und rechtschaffene Taten tun – werden ihren Lohn bei ihrem Erhalter haben; und keine Furcht brauchen sie zu haben, noch sollen sie bekümmert sein."
(Sure 2, 62)

„Wenn die Anhänger der Bibel nur (wahren) Glauben und Gottesbewusstsein erlangen würden, würden Wir fürwahr ihre (früheren) schlechten Taten tilgen und sie fürwahr in Gärten der Seligkeit eingehen lassen; und wenn sie nur wahrhaft die Torah und das Evangelium befolgen würden und all (die Offenbarung), die ihnen von ihrem Erhalter von droben erteilt worden ist, würden sie fürwahr von all den Segnungen der Himmel und der Erde zu sich nehmen. Einige von ihnen verfolgen einen rechten Kurs; aber was die meisten von ihnen angeht – schlimm ist fürwahr, was sie tun."

(Sure 5, 65-66)

Dass auch Jesus Christus viele mit ihrem Lippenbekenntnis in die Irre gehen sieht, das bezeugt er im Klartext seiner Bergpredigt:

„Enter by the narrow gate; for wide is the gate and broad is the way that leads to destruction, and there are many who go in by it. Because narrow is the gate and difficult is the way which leads to life, and there are few who find it."

(Matthew 7, 13-14)

„Not everyone who says to Me: ‚Lord, Lord‘, shall enter the kingdom of heaven, but he who does the will of My Father in heaven. Many will say to Me in that day, ‘Lord, Lord, have we not prophesied in Your name, cast out demons in Your name, and done many wonders in Your name?’ And then I will declare to them: ‘I never knew you; depart from Me, you who practice lawlessness!’”
(Matthew 7, 21-23)

Als Christ füge ich an dieser Stelle gerne noch ein paar andere Verse aus dem Matthäusevangelium an:

„Und siehe, einer trat zu ihm und fragte: ‚Meister, was soll ich Gutes tun, damit ich das ewige Leben habe?‘ Er (Jesus Christus) aber sprach zu ihm: ‚Was fragst du mich nach dem, was gut ist? Gut ist nur Einer. Willst du aber zum Leben eingehen, so halte die Gebote.‘ Da fragte er ihn: ‚Welche?‘ Jesus aber sprach: ‚Du sollst nicht töten; du sollst nicht ehebrechen; du sollst nicht stehlen; du sollst nicht falsch Zeugnis geben; ehre Vater und Mutter‘ (2.Mose 20, 12-16); und: ‚Du sollst deinen Nächsten lieben wie dich selbst.‘ (3.Mose

19, 18). Da sprach der Jüngling zu ihm: ‚Das habe ich alles gehalten; was fehlt mir noch?' Jesus antwortete ihm: ‚Willst du vollkommen sein, so geh hin, verkaufe, was du hast und gib's den Armen, so wirst du einen Schatz im Himmel haben; und komm und folge mir nach!'" (Matthäus 19, 16-21).

Natürlich könnte ich als jemand, der in einem – in welcher Form und Intensität auch immer – christlich geprägten Land aufgewachsen ist und lebt, noch weitere Bibelstellen benennen und natürlich gibt es auch immer wieder aufrichtige christliche Autoren, welche die Gebote, wie sie im Alten und Neuen Testament übermittelt werden, detailgetreu darstellen und interpretieren. Chapeau!

Aber kommt es wirklich auf diese kulturell geprägten Feindifferenzierungen an? Ich denke: nein, in aller Regel mit Sicherheit nicht. Leider spiegeln diese Werke dagegen nur allzu oft ein regelrechtes „Schmoren im eigenen Saft" wieder und vergessen ihre Autoren als Menschen in einer global verbundenen Welt den „Blick über den eigenen Tellerrand" ihrer spirituell sehr begrenzten Lebens- und Erfahrungswelt. Zumeist gehören sie auch noch einer ganz speziellen christlichen Gemeinschaft an, die für sich allein die Weisheit mit Löffeln gegessen zu haben glaubt. Furchtbar!

Menschen, die sich als „Glaubensbrüder" bezeichnen, aber meinen, die Weisheit mit Löffeln gegessen zu haben und somit hochmütig der Ansicht sind, als einzige auf dieser Erde zu wissen, wie Gottes Wort zu interpretieren sei, gibt es natürlich auch in anderen als christlichen Glaubensgemeinschaften. Als Beispiel hierfür zitiere ich Mouhanad Khorchide aus seinem Buch „Islam ist Barmherzigkeit" (Freiburg (Herder) 2015, ISBN 978-3-451-06764-8, S.76):

„Gelehrte, die Freitag für Freitag von der Kanzel in ihren Predigten den Menschen mit dem Zorn Gottes und seiner Strafe drohen, wenn sie seine Vorschriften nicht einhalten, schaffen sich eine gewisse Machtstellung, sie drohen den Menschen im Namen Gottes. Kaum etwas schreckt die jungen Muslime mehr ab als Gelehrte, die glauben, bestimmen zu können, wer ins Paradies und wer in die Hölle kommt. Manche würden wohl selbst Gott, wenn er eine andere Meinung als sie selbst vertreten würde, in die Hölle schicken. Ich zweifle nicht nur an der guten Absicht, sondern auch an der psychischen Verfassung eines Menschen, der behauptet, Gott zu lieben, zugleich aber anderen Menschen das Höllenfeuer wünscht! Ein guter Mensch, der seine Vollkommenheit anstrebt, wünscht allen Menschen, unabhängig davon, ob sie seiner Meinung sind oder nicht, die ewige Glückseligkeit und schließt sie in seine Gebete ein. Er würde sich sogar freuen, wenn er wüsste, dass Gott sich auch der Sündigen am Ende erbarmen würde, ja, dass Gott sich sogar derer, die ungewollt nicht an ihn geglaubt haben, weil sie entweder nichts oder nur ein verzerrtes Bild von ihm mitbekommen haben, am Ende erbarmen würde. Eine gesunde Seele, die mit göttlicher Liebe und Barmherzigkeit erfüllt ist, würde sich dies unbedingt wünschen."

Nun, ich möchte es mit meiner Kritik nicht übertreiben; denn natürlich ist es immer schwierig, Kritik zu äußern, ohne jemanden zu verletzen – und genau das will ich eben nicht! Manchmal frage ich mich aber schon, wessen Geistes Kind ein Kritiker ist, wenn er bewusst und gezielt eine „vernichtende Kritik" von sich gibt, die den Kritisierten tief ins Mark trifft – was ja, wie gesagt, sehr oft mit Vorsatz geschieht.

In diesem Zusammenhang spricht man in der Wissenschaft & Politik auch gerne von „geistigen Brandstiftern". Ich könnte hier Beispiele zur Veranschaulichung anführen – sie liegen alle vor mir. Ob nun Arthur Schopenhauer, Karl Marx oder Kurt Tucholsky oder wer auch immer. Aber ich verzichte darauf, dieser Art von Kritik hier Raum zu geben, denn ich möchte vernichtend Negatives nicht weitertragen. Zudem hat auch jeder der Genannten, unabhängig von seinen „ätzenden Kritiken", eine achtbare Menge an Erkenntnisse und Analysen geliefert, die für uns alle durchaus hilfreich sind!

Kein Lebewesen, also auch kein Mensch, ist nur Freund oder nur Feind, ausschließlich schwarz oder ausschließlich weiß, nur gut oder nur böse in seinen Handlungen. Charakteristisch für unser praktisches Leben sind die Zwischentöne. Die reinen Grundtöne sind göttlicher oder diabolischer Natur, sie beeinflussen uns und wir können ihren Einfluss in uns ganz sicher auch steuern, verstärken oder ausfiltern.

Doch dem sind Grenzen gesetzt. Wir Lebewesen auf dieser Erde sind fehlbar, sprich: nie perfekt. Immer ist da ein Manko, ein Handicap, ein Stück Schmutz, das an uns kleben bleibt. Deswegen beurteilt uns Gott ja auch nach unseren Bemühungen, und nicht nach unseren Fähigkeiten!

Mit anderen Worten: Wenn ich etwas wider besseren Wissens tue, dann habe ich auch die entsprechenden negativen Konsequenzen zu tragen. Das ist Folge der Freiheit, die Gott uns lässt. Ja, Gott gibt uns die Freiheit, aber er hebt deswegen Seine Gesetze nicht auf! In dieser Weise glaube ich, ja bin ich fest davon überzeugt, dass es ein Karmagesetz gibt, welches „schicksalhaft" unser Leben bestimmt.

Fata Morgana

Vollständiges Wissen, vollständige Glückseligkeit und Ewigkeit sind auf dieser Welt niemals erreichbar. Und das, obwohl ständig mit allen denkbaren Mitteln danach gesucht und geforscht wird – mithin keinerlei Mühen gescheut werden, dies aus eigener Kraft heraus im Hier und Jetzt zu erreichen, festzuschreiben und in Besitz zu nehmen.

Das alles ist aber nicht mehr als das Jagen nach einem Phantom, einer Fata Morgana. Denn diejenigen, die danach (also nach vollständigem Wissen, vollständiger Glückseligkeit und Ewigkeit) jagen, können die Welt der Erscheinungen nicht unterscheiden von der realen Wirklichkeit, die für sie stets hinter einem Schleier verborgen bleibt. Einem Schleier, der nichts anderes ist als das Produkt ihrer sinnlichen Gier – einem Produkt, welches unter Zuhilfenahme von Genuss- und Rauschmittel bzw. durch sehr starke und anhaltende Mangelerscheinungen an Licht, Sauerstoff,

Wasser und gesunden Grundnahrungs-mitteln – nur noch vergrößert wird.

Dieser selbst ins Leben gerufene, vernebelte Geist, der bewusstseinsgetrübt und ruhelos umherwandert, und dabei sich selbst und anderen Wesen Leiden zufügt, hat leider kaum noch oder überhaupt keinen Blick mehr für die Seelen, die jedem lebendigen Wesen innewohnen. Irgendwann geht er, um die von ihm begehrten Ziele (so wie ein Alkoholiker seinen Alkoholpegel) zu erreichen, buchstäblich über Leichen oder handelt nach der Devise „Augen zu und durch" oder „Was ich nicht weiß, macht mich nicht heiß". Nichts, aber auch rein gar nichts, kann an dem, was dieser Geist begehrt und besitzen möchte, als beseelt bezeichnet werden: Eine Fata Morgana spiegelt, so wie eine „käufliche Liebe", keine Seelen wieder, nirgendwo sind diese auf dem Schirm zu erkennen. Es existieren also nur Trugschlüsse oder üble Lügen, was die wahre Wirklichkeit anbelangt.

Mit Gier, Hass und Verblendung schaut man also nicht in die Menschen hinein, sondern durch sie hindurch. Gier, Hass und Verblendung können keine Seelen und somit auch keine Liebe erkennen; also auch kein Leben, in welchem Lebewesen auch immer.

Lebewesen sind für Gier, Hass und Verblendung somit nur Objekte, die – auf welchem Wege auch immer – für kürzere oder längere Zeit zum eigenen Besitz bzw. Eigentum erklärt werden, um damit das (nach der Vorstellung vieler Menschen) eigne Überleben zu garantieren.

Doch gerade das eigene Leben garantieren Besitz und Eigentum ganz und gar nicht; es sei denn, sie sind im Moment oder ständig in persönlicher Benutzung – was sie sehr oft nun mal überhaupt nicht sind.

Wenn ich ein Objekt lieb habe, so kann es doch keine Liebe empfangen. Mein Liebesobjekt stellt sich, wie bei einer Fata Morgana, nur als eine Projektion meiner eigenen Wünsche und Vorstellungen dar. Karl Marx hat in seiner Kritik der Politischen Ökonomie (also in seinem Hauptwerk „Das Kapital") bezogen auf die im Kapitalismus produzierten Waren und Dienstleistungen (und damit auch in Bezug auf das Verhältnis der Menschen im Produktionsprozess zueinander) von einem „Warenfetischismus" gesprochen, also von etwas, was ihnen allen zwar anhaftet bzw. angeheftet wird, aber gerade deswegen auch nicht ihre wahre Natur wiederspiegelt. (In Wikipedia, abgerufen am 8.12.2018, ist unter dem Stichwort „Warenfetisch" zu lesen: „Mit dem Begriff ‚Fetisch' beschreibt man die Zuschreibung von Eigenschaften oder Kräften zu Sachen, die diese von Natur aus nicht besitzen.").

Die wahre Natur wird also bis hin zu einer Fata Morgana, die das absolute Gegenteil verbirgt, verschleiert. Und das heißt in aller Regel: sie wird versüßt und schmackhaft verkauft, wo beileibe überhaupt nichts Süßes und Schmackhaftes dahinter steckt. Der „preisgünstige", „süße" Pulli, gekauft in der hippen Filiale einer großen Kaufhauskette, verbirgt bittere Lohnarbeit und billige Rohstoffe. Den echten Preis zahlt eben immer ein anderer im Natur- und Stoffwechselkreislauf unseres Planeten, auf dem ohne Rücksicht auf unsere Gesundheit und Zukunft alles richtiggehend bösartig ausgebeutet wird, und zwar in dem Maße, bis uns irgendwann wirklich einmal voll und ganz die Luft ausgeht!

Der Sinn des Lebens, nämlich Liebe empfangen und Liebe weiter-geben, ist also allen Besitzobjekten absolut fremd. Stattdessen stellen sie, unter der Herrschaft ihrer Eigentümer, nur äußere Machtfaktoren in Form von struktureller Gewalt dar. Eine Gewalt, die gegenüber allen Lebewesen (im Rahmen vorgegebener Sozialstrukturen, spürbar, gezielt und demonstrativ) eingesetzt wird, um das eigene und anderer Leben in materieller Abhängigkeit zu halten, auszubeuten oder zu vernichten.

Ein nur auf Besitz und Eigentum abfahrender Mensch, also ein Materialist, wird niemals an ein ewiges Leben, d. h. an ein rein spirituelles Leben, unabhängig von der Materie, glauben.

Die Botschaft aller Heiligen Schriften aber zielt in eine völlig andere Richtung. Jesus Christus bringt das mit seiner Bergpredigt ganz klar und unmissverständlich auf den Punkt. Kein einziger gläubiger Mensch, welcher christlichen oder nicht christlichen Religionsgemeinschaft er auch immer angehören mag, kann und würde ihm dabei widersprechen!

„Niemand sage, wenn er versucht wird, dass er von Gott versucht werde. Denn Gott kann nicht versucht werden zum Bösen, und er selbst versucht niemand. Sondern ein jeder, der versucht wird, wird von seinen eigenen Begierden gereizt und gelockt. Danach, wenn die Begierde empfangen hat, gebiert sie die Sünde; die Sünde aber, wenn sie vollendet ist, gebiert den Tod." (Jakobus 1, 13-15)

Jesus aus jüdischer Sicht

1.

Im Folgenden lasse ich ganz bewusst 2 jüdische Gelehrte zu Wort kommen, 2 jüdische Gelehrte, die christliches Gedankengut mal so richtig gegenbürsten. Denn ich empfinde es immer als äußerst fade, wenn Gelehrte – in diesem Fall christliche Gelehrte – im eigenen Saft schmoren und nicht bereit sind, vorbehaltlos und neugierig über den eigenen Tellerrand zu schauen. Wenn diese Gelehrten dem Leser, Zuhörer oder Zuschauer dann auch noch irgendetwas „streng bedeuten", ihn „eines Besseren belehren", etwas ohne Mitgefühl und Herz mitteilen wollen, so finde ich das besonders schlimm. Dann wird das, was sie meinen, sagen zu müssen, für mich schlicht und ergreifend zu einem „tönendem Erz" oder eine „klingende Schelle" (vergl. 1.Korinther 13), d. h. zu etwas Langweiligen und Belanglosen, zu einer wenig oder gar nichts aussagenden leeren Hülle mit aufgeklebter, wichtigtuerischer Etikette, zu einem unbedeutenden Geschwätz mit aufgeblasenen Worthülsen – was mir, gelinde gesagt, glatt am Arsch vorbei geht! Solchen Gelehrten geht es nämlich oft überhaupt nicht um die Vermittlung göttlicher Botschaft, sondern einzig und allein um ihre eigene Macht über andere Menschen. Das war und ist mir schon immer ein Gräuel gewesen, weshalb ich von klein auf stets selbst gerne gegenbürstete.

Als Außenseiter, als den ich mich meistens empfand, pflegte ich somit stets mit einem gewissen inneren Stolz, geboren aus Würde und Mitgefühl, meine Liebe zu anderen Außenseitern, zu Schwachen, Gebrechlichen, Behinderten. Sie zogen und ziehen mich wie natürliche, hübsche Frauen magisch an, ihnen wollte und will ich dienen! Grund dafür ist, wie gesagt, dass ich mich selbst sehr oft als Außenseiter, Schwachen und Benachteiligten, sozial und mental Behinderten, ja als eine regelrecht nur noch vor sich hin vegetierende Kreatur empfand und irgendwie in diesen Menschen echte Leidensgenossen sah, die mir mentale Überlebenskraft schenkten. Schließlich wuchs ich selbst unter erbärmlichen Verhältnissen, in einem mit Zigarettenqualm verpesteten und dem Alkohol völlig verfallenen Elternhaus auf, in dem man mir mit den Worten: „Es muss ja nicht jeder alles wissen!" einen Maulkorb nach dem anderen verpasste und damit mein Gewissen streng zum Schweigen verpflichtete. Vielleicht bin ich aber auch – buddhistisch betrachtet – ein Bodhisattwa, einer, der immer wieder auf diese Welt zurückkehrt, um anderen, bedürftigen Lebewesen zu ihrem Glück zu verhelfen.

Meine Frau meint ja, ich sei in meinem früheren Leben ein Hund (ein Labrador, ein Hütehund) gewesen. Ich kann ihr dabei nicht widersprechen, denn ich teile sehr viele mentale Gemeinsamkeiten mit diesen Wesen, wie man deutlich an bestimmten physischen Reizreaktionen erkennen kann. „Du bist einfach Hund!" sagt sie z. B., wenn ich intuitiv meinen Körper, mit allen Vieren irgendwo irgendwie abgestützt, auf Streicheleinheiten hin so bewege, als würde ich mit einem (bei mir als Menschen natürlich nicht vorhandenen) Hundeschwanz wedeln. „Eigentlich bist du Hund", sagt sie dann, „du bist nur in einen falschen Körper geraten!"

Nun, in diesem Leben wurde ich auch zum Veganer und – in vollem Bewusstsein der eigenen Mitverantwortung als Bürger eines Wohlfahrtsstaates für das Elend und die Katastrophen in anderen Erdteilen – zum Impulsgeber für einen anderen Lebensstil. Ich will nicht so weit gehen, diesen Lebensstil unter die Prämisse eines Armutsideals zu stellen – dafür leben meine Frau und ich in unseren Beziehungen viel zu unauffällig in der Mitte unserer Gesellschaft. Als ein „Revoluzzer" bin ich jedenfalls nicht zu identifizieren, auch meine Frau nicht. Eher sind wir wie ein Stück Hefe in der Mitte eines Teiges. Das Plakative habe ich in der Tat noch nie in meinem Leben gemocht. Wenn man mich dennoch irgendwie philosophisch einordnen wöllte, so wäre ich daher wohl am ehesten als ein Vertreter der sogenannten „Graswurzelrevolution" zu typisieren. Natürlich einer, in welchen Facetten auch immer, nicht organisierten „Graswurzelrevolution". Denn ich liebe die Freiheit allzu sehr, Doktrinen und Vorschriften waren und sind mir stets zuwider.

Ich will mit meinem Leben gestalten und nicht von irgendjemand irgendwie gestaltet werden. Mit anderen Worten: Ich bin immer daran interessiert, auf dieser Welt neue Wege und dabei mit Eigeninitiative voran zu gehen, anstatt mich auf ausgetretenen Pfaden zu bewegen und nur etwas zu tun, weil ein anderer Mensch es so will! Dem widerspricht es nicht, dass ich dennoch, wie ein Hütehund, gerne alles um mich herum unter Kontrolle habe und dabei den anderen gerne signalisiere und zu verstehen gebe, wo und wie es auf dieser Welt sinnvoll und schöpfungsbewahrend entlang zu gehen hat. Gott gebe mir auch weiterhin die Kraft, in diesem Sinne zu leben, zu wirken, der Menschheit zu dienen!

2.

Soviel, mal wieder, zu meiner eigenen Person. Doch jetzt zu den beiden angekündigten, jüdischen Gelehrten – zu David Flusser (geb. 15. September 1917, gest. 15. September 2000) und Schalom Ben Chorin (geb. 20. Juli 1913, gest. 7. Mai 1999). Ich zitiere zunächst David Flusser, dann Schalom Ben Chorin mit ihren Aussagen zu Jesus Christus. Beide zitiere ich aus jeweils einem ihre einschlägigen Werke, die – zumindest in Fachkreisen – weite Verbreitung und Anerkennung erfahren haben und auch mich tief beeindruckten. Beide Gelehrte waren zudem, ungeachtet ihres Status als recht erfolgreiche Religionswissenschaftler, wirklich tiefgläubige Menschenfreunde und repräsentierten damit eine Spezies unter uns, welche in religiösen und Glaubensfragen, wie anderswo auch, nicht wie selbstverständlich anzutreffen ist.

David Flusser

„Eine jede Biographie hat ihre eigenen Schwierigkeiten. Über das Leben Jesu können wir kaum etwas aus nichtchristlichen Quellen wissen. Er teilt dieses Schicksal mit Moses, Buddha und Mohammed, bei denen ebenfalls zeitgenössische Nachrichten von Außenstehenden fehlen. (…)

Für das Judenchristentum war, auch in den späteren Jahrhunderten, als es von der Großkirche als häretisch angesehen wurde, der Wundertäter, Lehrer und Prophet und der Messias Jesus wichtiger als die Predigt vom Auferstandenen. Anders war es schon sehr früh in den christlichen hellenistischen Gemeinden, die von griechischen Juden gegründet worden waren und überwiegend aus Nichtjuden bestanden: dort wurde vor allem die Erlösung durch den gekreuzigten und auferstandenen Christus gepredigt. Es kann kein Zufall sein, dass in den Schriften, die dort entstanden, zum Beispiel in den paulinischen Briefen, kaum das Leben und die Predigt Jesu berücksichtigt werden. (...)

Um Jesus zu verstehen, ist die Kenntnis des zeitgenössischen Judentums unentbehrlich. Der jüdische Stoff ist nicht nur darum wichtig, weil er es ermöglicht, Jesus in seiner Zeit zu sehen, sondern auch, um seine Aussprüche richtig zu interpretieren. Wenn also eine hebräische Wendung hinter dem griechischen Text der Evangelien gesichert ist, übersetzen wir diese und nicht den griechischen Wortlaut. (...)

Unsere Zeit scheint besonders geeignet zu sein, ihn (Jesus Christus, K.A.) und sein Anliegen zu verstehen. Eine tiefe Angst vor der Zukunft und vor der Gegenwart hat in uns eine neue Sensitivität erweckt. Wir sind heute empfänglich für Jesu Umwertung aller üblichen Werte. Die Fraglichkeit der normativen Moral (Jürgen Habermas, Soziologe, sprach von der ‚normativen Kraft des Faktischen', K.A.), von der er (Jesus Christus, K.A.) ausgeht, ist vielen von uns zum Bewusstsein gekommen. (...)

Und wir können, wenn wir uns von den Fesseln alter Vorurteile befreien, sicher seine Forderung der ungeteilten Liebe nachempfinden, nicht als eine philanthropische Schwäche, sondern als eine richtige psychologische Folgerung."

(David Flusser, Jesus. (Reihe „rowohlts monographien", Reinbek bei Hamburg, 6.Aufl. Dez. 2017, ISBN 9783499506321, S.7-14).

„Jesus hat in Jerusalem seinen Widerstand gegen die Missstände im Tempel nicht nur durch Worte, sondern auch durch eine Tat ausgedrückt. Wie oft an heiligen Stätten blühte damals auch im Tempel Jerusalems ein reger Handel. Jesus war nicht der einzige, dessen Unmut die Tische der Wechsler und die Sitze der Taubenverkäufer am Orte der Heiligung erweckt haben, aber erst nach dem Tode Jesu fanden die Schriftgelehrten praktische Maßnahmen, um den Handel, der für den Opferdienst im Tempel nötig war, aus dem Gebiet des Tempels zu entfernen. Doch als Jesus den Tempelbezirk besucht hat, war die Lösung noch nicht gefunden. ‚Und nachdem er in den Tempel hineingegangen war, begann er die Händler zu vertreiben, indem er zu ihnen sagte: ‚Es steht geschrieben: ‚Denn mein Haus, das Haus des Gebets wird es gerufen werden'; ihr aber macht es zu einer Räuberhöhle.' (vgl. Lukas 19, 45-46). Bei Lukas kann man lesen, was sicher zum alten Bericht gehört hat. Markus (11, 15-17) erweitert den Bericht nach dem Hörensagen. Ob also Jesus tatsächlich auch einige Tische der Händler umgeworfen hat, muss offenbleiben. Matthäus (21, 12-13) folgt Markus, nur macht er aus dem Versuch Jesu, die Händler zu vertreiben, eine vollendete Tatsache. Johannes (2, 13-17) verlegt die Begebenheit an den Anfang der Tätigkeit Jesu, er verstärkt und übertreibt die Szene. Nach Johannes hat dabei Jesus auch das Wort gesprochen: „Ich werde mit diesen Händen gemachten Tempel zerstören und nach drei Tagen einen andern aufbauen, der nicht mit Händen gemacht ist." (Johannes 2,18-19; Markus 14, 58; vgl. Matthäus 26, 61). Nur nach Markus (14, 57-59) hat Jesus dieses Wort nicht gesprochen.

Sollte Jesus wirklich gesagt haben, dass er den Tempel abreißen und wieder aufbauen wolle, dann waren das für Kaiphas nicht einfach nur irgendwelche abstrusen Phantasien. In dem biblischen Vers Sacharja 6, 12: ‚Der Mann, dessen Namen Spross ist ... der wird den Tempel Gottes bauen', wurde der „Spross" (= Zweig) allgemein als Bezeichnung für den Messias verstanden. Sollte also Jesus diesen Satz gesagt haben, so wäre für die Zuhörer damit der Anspruch Jesu verbunden gewesen, der Messias zu sein, und so wäre es für den Hohepriester auch nur folgerichtig gewesen, zu sagen: ‚Wenn du der Christus bist, so sage es uns!'

Das Wort ist anscheinend nicht ganz in der ursprünglichen Form überliefert: die drei Tage hängen mit der Anschauung zusammen, dass Jesus am dritten Tag auferstanden ist. Dagegen war das Wort tatsächlich ursprünglich in der ersten Person gesagt. Jesus sprach in Gottes Namen im Geiste der jüdischen Apokalyptik: der gegenwärtige Tempel wird zerstört und ein anderer wird von Gottes Hand errichtet werden. Das Wort ist dann eine Weissagung über die Zerstörung des Tempels. Schon bei seinem Abschied von Galiläa sagte er in der Wehklage über Jerusalem: ‚Siehe, euer Haus werdet ihr dahin haben' (Lukas 13, 35). Um dies zu verkünden, wurde er nach Jerusalem gesandt, und so gesehen war die Vertreibung der Händler und das offenbar dabei gesagte Tempelwort der Gipfel seiner prophetischen Sendung in Jerusalem. Das führte die Katastrophe herbei. Die sadduzäische Priesterschaft, von allen verachtet, hatte ihren Rückhalt allein im Tempel, und der Prophet aus Galiläa hat dort öffentlich vor der Menge, die zum Festtag sich versammelte, nicht nur ihren Untergang vorhergesagt, sondern auch den Abriss des Tempels und dabei, im Zorn über den Handel im Heiligtum, in den Tempelbetrieb aktiv eingegriffen. Wir haben gesehen, dass dreißig Jahre später die Behörden den Jeschua, Sohn des Ananias, der auch das Ende des Tempels prophezeit hat, an den römischen Landpfleger auslieferten. Die Römer haben überall in ihrem Reich peinlich auf den Schutz der Heiligtümer geachtet. Es war also ihre Sache, die Hohepriester von dem Unruhestifter zu befreien.

Der alte Bericht sagt nur, dass Jesus begonnen hat, die Händler aus dem Tempel zu verjagen. Anscheinend hat er sein Vorhaben nicht zu Ende führen können, und wie viele seiner Weisung gefolgt sind, wissen wir nicht, und wir hören auch nichts über die Reaktion der anwesenden Pilgerschar. Dass die Tempelwache schließlich eingegriffen hat, scheint sicher zu sein. Wir können also vermuten, dass die ‚Tempelreinigung‘ nicht lange vor der Verhaftung Jesu geschah, der zu entgehen ihm in diesem Augenblick noch gelang."

(David Flusser, a.a.O., S. 116 - 119).

Während der Eingabe des Textes bin ich auf eine augenscheinlich bedeutende Schrift gestoßen: Karl Bertau, Schrift-Macht-Heiligkeit: In den Literaturen des jüdisch-christlich-muslimischen Mittelalters. (1.Aufl. 2005, De Gruyter, ISBN 9783110174687). Auf amazon gibt es dazu einen erläuternden Text, ich zitiere: „Der Gebrauch der Alphabetschrift verbindet die jüdische, christliche und muslimische Kultur des Mittelalters. Zwischen den Religionen dieser Kulturen gab es seit jeher intensive Wechselbeziehungen, u.a. durch Übersetzungen bedeutender (heiliger) Texte. Solche Kulturübertragungen bedeuten immer auch Konflikte des Übersetzens, in dem sie für Religion, Kultus und Rechtsprechung verbindliche Referenztexte einführten und dadurch andere Referenztexte ausschlossen. Als fundierende Zentraltexte verliehen sie der Macht und dem Recht von nun an Heiligkeit und Legitimität. Insofern ist nicht gleichgültig, was in der Kulturgeschichte geschrieben, übersetzt und verbreitet werden durfte, denn jede Verschriftlichung ist interessegeleitet und Ausdruck von Machtansprüchen. Schrift-,

Literatur- und Kulturgeschichte lassen sich somit als Geschichte von Verbots- und Erlaubnisprozessen beschreiben."

(https://amzn.de/dp/B07G4QMRTN/ref=rdr_kindle_ext_tmb ; abgerufen am 20.11.2018).

Schalom Ben-Chorin

„Es gibt einen ganz einfachen Beweis für die Zugehörigkeit Jesu zum Pharisäertum. Er wird von seinen Jüngern *Rabbi* genannt. *Rabbi* ist ausschließlich ein pharisäischer Titel für einen *Schriftgelehrten*. Weder die Sadduzäer noch die Essäer gebrauchten diesen Würdenamen.

Wohl wird Jesus auch als Prophet bezeichnet, aber nicht im engeren Kreise, sondern vom *Am Haarez*, vom unwissenden Volk, das ihn den Propheten aus Galiläa (Markus 6, 15) nennt, oder gar von der Samaritanerin am Jakobsbrunnen zu Sichem (Johannes 4, 19), die, überwältigt von der Begegnung mit Jesu, ihren Mitbürgern verkündet, dass ein Prophet in die Stadt gekommen sei, ja, der Messias selbst.

Für die Jünger aber, die den Meister kennen, ist er der Rabbi und seine Lehrmethode ist nicht die der Propheten, sondern die der Rabbinen. Jesus bringt keine Gottessprüche, wie der alttestamentliche *Navi*, der Prophet der hebräischen Bibel. Er legt Texte der Heiligen Schrift aus, zwar gewaltig und im Bewusstsein seiner Vollmacht, aber er steht damit doch in der Tradition der Tannaiten seiner Zeit (siehe dazu den Artikel „Tannaim" in der wikipedia, K.A.), deren Auslegungen, auch wenn sie kontrovers waren, als „Worte des lebendigen Gottes" empfunden wurden.

Und er lehrte in Gleichnissen. Es wäre ganz verfehlt, die Gleichnisse Jesu isoliert zu betrachten. Sie gehören in die große Literaturgattung der *Meschalim* in *Aggada* und *Midrasch*, die gleichnishafte Auslegung und Illustration des Bibeltextes durch die Rabbinen."
(Schalom Ben-Chorin, Paulus. Der Völkerapostel in jüdischer Sicht. 5.Aufl. 1986, München (dtv), ISBN 3-423.01550-0, S. 185 f.)

„Jesus von Nazareth war ein typischer Vertreter des Palästina-Judentums. Heute würden wir sagen: er war ein ‚Sabre'. Er sprach Hebräisch oder Aramäisch, was ja immerhin ein hebräischer Dialekt ist. Die Quelle seiner Bildung war die hebräische Bibel. Er wandte sich an die Juden mit nationaler Ausschließlichkeit und schärfte seinen Jüngern ein, nicht auf der Heiden Straße zu gehen und die Städte der Samaritaner zu meiden. Er sagte stolz: „Das Heil kommt von den Juden" (Johannes 4,22) und wusste sich nur zu den verlorenen Schafen aus dem Hause Israel gesandt. Der Titulus auf seinem Kreuze lautete: INRI, was ihn als König der Juden bezeichnen sollte. Dieser Anspruch ist es, seine nationale Ambition, die sein Schicksal besiegelt hat." (Schalom Ben-Chorin, a.a.O., S.38)

„Er (Jesus von Nazareth, K.A.) redete zu seinesgleichen in der Sprache seines Volkes und konnte von sich sagen, dass er inmitten seines Volkes lebte.

Seine Jünger und Nachfolger waren Juden, ebenso wie seine Widersacher und Feinde. Bekanntlich spricht Jesus in den entscheidenden Stunden seiner Passion noch zu Kaiphas, aber gegenüber Pilatus schweigt er. Er hatte keine gemeinsame Sprache mit dem Römer.

Paulus hatte mit allen eine gemeinsame Sprache: mit Juden, Griechen, Römern. Er ging auf die Mentalität aller ein. Das geht so weit, dass er in seiner Areopag-Rede in Athen einen griechischen Dichter zitiert (Apostelgeschichte 17, 28). Man stelle sich das bei Jesus von Nazareth vor … nein! Das kann man sich nicht vorstellen." (Schalom Ben-Chorin, a.a.O., S. 39).

„Paulus … spiritualisiert die Erscheinung Jesu in so radikaler Weise, dass das Biographische auf die Passion, als die Erlösertat Gottes in Christus, reduziert werden kann. Paulus verkündet den Auferstandenen. Die Ur-Jünger erzählen von ihrem Rabbi, der nach seinem Tode von Gott wieder auferweckt wurde.

Die Ur-Jünger waren einfache Söhne des Galil (Galiläa), ebenso wie Jesus von Nazareth selbst. Sie fühlten sich mit ihrem Meister eins, auch wenn sie ihn nicht immer verstanden, auch wenn vieles in seinen Reden und seinem Tun ihnen rätselhaft bleiben musste. Und doch ist das Gemeinsame bei Meister und Jüngern dominierend. Wenn das Evangelium ausdrücklich betont, dass Jesus vor allem zum äußeren Kreise in Gleichnissen sprach, so waren diese Gleichnisse aus der Sphäre des Alltags seiner Jünger und Hörer genommen. Er sprach von Fischern und Winzern, er sprach von dem Mann, der auf der Straße von Jerusalem nach Jericho zog und in die Hand der Räuber fiel, er sprach vom Hausvater und seinen Kindern. Alles ist nah und vertraut, nichts ist aus fernen Zonen herbeigeholt." (Schalom Ben-Chorin, a.a.O., S. 42).

Koran: Einheit in Vielfalt

Sure 5, Vers 48 (Zweiter Abschnitt)

„Für jeden von euch haben Wir ein (verschiedenes) Gesetz und eine Lebensweise bestimmt. (...)"

Muhammad Asad kommentiert diesen Satz in seiner Übersetzung des Korans wie folgt:

„Der Ausdruck ‚jeden von euch' bezeichnet die verschiedenen Gemeinschaften, aus denen die Menschheit besteht. Der Begriff *schir'a* (oder *schari'a*) bedeutet wörtlich ‚der Weg zu einer Wasserstelle' (aus der Menschen und Tiere das für ihr Leben unentbehrliche Element beziehen) und wird im Qur'an gebraucht, um das für das gesellschaftliche und spirituelle Wohlergehen einer Gemeinschaft notwendige Rechtssystem zu bezeichnen." (Asad, a.a.O.). Siehe dazu auch: Mouhanad Khorchide, Scharia. Der missverstandene Gott. Freiburg (Herder) 2016 (ISBN 978-3-451-06844-7), S.76-78. (Siehe unten (*)) Und weiter kommentiert

Asad: „Der Ausdruck *minhadsch* bezeichnet andererseits eine ‚offene Straße‘, gewöhnlich im abstrakten Sinn: das heißt, ‚eine Lebensweise‘. Die Begriffe *schir'a* und *minhadsch* sind in ihrer Bedeutung enger als der Begriff *din*, der nicht nur die auf eine bestimmte Religion bezogenen Gesetze umfasst, sondern auch die grundlegenden, unveränderlichen spirituellen Wahrheiten, die dem Qur'an zufolge von jedem Gesandten Gottes verkündet worden sind, während der spezielle Gesetzeskorpus (*schir'a* oder *schari'a*), den sie verkündeten, und die jeweilige Lebensweise (*minhadsch*), die sie empfahlen, sich gemäß den Erfordernissen der Zeit und der kulturellen Entwicklung jeder Gemeinschaft unterschieden. Diese ‚Einheit in Vielfalt‘ wird im Qur'an oftmals betont (z. B. im ersten Satz von Sure 2, Vers 148; in Sure 21, Verse 92-93 oder in Sure 23, Verse 52 ff.). (...)"

(*) „Der Prozess der Läuterung der Seele kann nur in der Selbsterfahrung, in der ständigen Konfrontation mit sich selbst, angegangen werden. Der Islam macht auf diesen Prozess aufmerksam, erinnert den Menschen an den Auftrag der Selbstläuterung, schafft auch

religiöse Medien und Anlässe, um in sich hineinzuge-
hen – wie das Gebet, das Fasten, die Pilgerfahrt, das
freie Gespräch mit Gott – gibt jedoch keine konkreten
Rezepte, wie jedes Individuum sich selbst läutern soll,
denn jeder Mensch hat seine individuellen Stärken
und Schwächen und kann diese am besten selbst erkennen. Das Herz ist deshalb Ziel religiöser Verkündi-
gung, weil es einerseits das Medium ist, das mit Gott
kommuniziert, ihn erkennt und in seine Gemeinschaft
zurückkehrt: ‚An dem Tag werden weder Geld noch
Kinder helfen, erfolgreich sein wird der, der mit einem
gesunden Herzen zu Gott kommt' (Sure 26, Verse 88-
89); andererseits, weil es der Schauplatz der Austra-
gung von Normenkonflikten, der Suche nach dem
rechten Weg, der ‚richtigen' Entscheidung und des
Handelns ist. Durch die ständige Selbstreflexion soll
der Mensch von der Selbstrechtfertigung befreit sein,
um auf diese Weise seine Verfehlungen zu erkennen
und an ihnen zu arbeiten: ‚Nein, der Mensch ist Zeuge
über sich selbst, auch wenn er seine Entschuldigungen
vorbringt.' (Sure 75, Verse 14-15).

Neben diesem individuellen Aspekt spricht der Koran
die Gesellschaft als Kollektiv an und erinnert an deren

Auftrag, eine gerechte Gesellschaftsordnung herzu-
stellen: ‚Aus euch soll eine Gemeinschaft entstehen,
die zum Guten ruft und gebietet, was Recht und verbietet, was Unrecht ist.' (Sure3, Vers 104). Und so war
es Auftrag von Propheten, an Gerechtigkeit zu erinnern: ‚Wir (Gott) entsandten Unsere Gesandten mit
klarer Botschaft und schickten mit ihnen das Buch und
die Waage herab, auf dass die Menschen Gerechtigkeit üben möchten.' (Sure 57, Vers 25). Wie jedoch
eine gerechte Gesellschaftsordnung zu etablieren ist,
dazu führt der Koran ebenfalls keine konkreten Rezepte an, denn Gesellschaften sind im stetigen Wandel.

Je nach Kontext sind andere Instrumente und juristi-
sche Maßnahmen notwendig, um die göttliche Inten-
sion nach gerechter Gesellschaftsordnung verwirkli-
chen zu können. Würde es ein kontextunabhängiges
allgemeingültiges überzeitliches Rezept geben, wie
eine gerechte Gesellschaftsordnung zu gewährleisten
wäre, , hätte Gott dieses Rezept gleich von Beginn der
Schöpfung an verkündet; der Koran sagt allerdings:
‚Für jeden von euch haben Wir Richtung und Weg bestimmt' (Sure 5, Vers 48), betont jedoch gleichzeitig
am Anfang dieses Verses: ‚Und Wir haben dir

(Muhammad) die Schrift mit der Wahrheit herabgesandt, um zu bestätigen, was vor ihr von der Schrift war, und um darüber Gewissheit zu geben. Richte zwischen ihnen nach dem, was Gott herabgesandt hat.' (Sure 5, Vers 48). Obwohl in diesem Vers die Rede von unterschiedlichen Wegen ist (der Koran verwendet an dieser Stelle den Begriff ‚Schir'a', um Regelungen für die Gesellschaftsordnung anzusprechen), unterstreicht derselbe Vers, dass es sich bei der koranischen Botschaft um dieselbe inhaltliche Botschaft handelt, wie sie in anderen früheren Schriften und Verkündigungen zu finden ist. Der Koran wurde keineswegs verkündet, um diese anderen Schriften aufzuheben, sondern um sie zu bestätigen: ‚Sprecht (ihr Muslime): ‚Wir glauben an Gott und was uns offenbart wurde, und was Abraham, Ismael, Isaak, Jakob und seinen Kindern offenbart wurde, und was andere Propheten von ihrem Herrn erhalten haben. Wir machen keinen Unterschied zwischen ihnen; und Ihm ergeben wir uns.' (Sure 2, Vers 136)'

Der Wandel juristischer Maßnahmen zur Herstellung einer gerechten Gesellschaftsordnung steht also keineswegs im Widerspruch zum Selbstverständnis der

koranischen Botschaft. Diese Botschaft sieht eine Notwendigkeit in der ständigen Anpassung der Maßnahmen an die jeweiligen gesellschaftlichen Bedürfnisse, um die eigentliche Botschaft nach gerechter Gesellschaftsordnung nicht im Namen eines starren, statischen Verständnisses des Islam zu verfehlen. Dass jede prophetische Sendung dieselbe Botschaft verkündet, jedoch einen anderen Weg (arabisch *Schir'a*) zur Verwirklichung dieser Botschaft beschrieben hat, bezeugt die Notwendigkeit eines dynamischen Verständnisses religiöser Botschaften und zwar gerade dort, wo es um Aspekte des Leben geht, die dem gesellschaftlichen Wandel unterworfen sind, wie eben die Gesellschaftsordnung. Dies wiederum setzt ein dialogisches Verständnis der Gott-Mensch-Beziehung voraus, in der es Gott um das Wohlergehen des Menschen und nicht um sich selbst geht."
(Khorchide, a.a.O.)

Gott liebt nicht:
- diejenigen, die Unheil stiften (-> Sure 2, Vers 190).
- die Ungerechten (-> Sure3, Vers 57).
- die Hochmütigen (-> Sure 4, Vers 36).

- die Unaufrichtigen (-> Sure 4, Vers 107).

- die Verschwender (-> Sure 6, Vers 141).

(Vergl. Mouhanad Khorchide, Islam ist Barmherzigkeit. Freiburg (Herder) 2015 (Originalausgabe: 2012); ISBN 978-3-451-06764-8, S.95)

Sure 2, Vers 114

„Wer könnte daher ruchloser sein als jene, welche das Nennen von Gottes Namen an (jedwedem) Seiner Häuser der Anbetung verhindern und sich um ihre Zerstörung bemühen, (obwohl) sie kein Recht haben, sie zu betreten, außer in Furcht (vor Gott)?"

Muhammad Asads Kommentar dazu:
„Es ist eines der Grundprinzipien des Islam, dass jeder Religion, die den Glauben an Gott als Mittelpunkt hat, voller Respekt, voller Respekt erwiesen werden muss, wie sehr man sich auch mit ihren besonderen Lehren nicht übereinstimmen mag. Somit sind die Muslime verpflichtet, jedwedes Gott geweihte Haus der Anbetung zu ehren und zu schützen, sei es eine Moschee, eine Kirche oder eine Synagoge (vergl. den zweiten

Abschnitt der Sure 22, Vers 40), und jeder Versuch, die Anhänger eines anderen Glaubens daran zu hindern, ihren eigenen Vorstellungen gemäß Gott anzubeten, wird vom Qur'an als Sakrileg verurteilt. Eine eindrucksvolle Veranschaulichung erfuhr dieses Prinzip durch die Behandlung, die der Prophet im Jahre 10 H. der Gesandtschaft aus dem christlichen Nadschran zuteil werden ließ. Sie erhielten freien Zugang zur Moschee des Propheten und vollzogen mit seiner vollen Zustimmung dort ihre religiösen Riten, obwohl ihre Anbetung von Jesus als ‚Sohn Gottes' und von Maria als ‚Mutter Gottes' völlig unvereinbar mit islamischen Glaubensvorstellungen." (Asad, a.a.O. Siehe auch oben, S. 83 f.)

An einer anderen Stelle des Koran - der Sure 3, Vers 61 - fügt Asad einen Kommentar an, der sich auf den Disput der christlichen Abgesandten von Nadschran mit Mohammed und dessen Folgen bezieht. Obwohl beide Parteien bei diesem Disput schlussendlich auf keinen gemeinsamen Nenner kamen, räumte Mohammed ihnen einen Vertrag ein, der allen Bewohnern in Nadschran die bürgerlichen Rechte sowie die freie

Ausübung ihrer Religion garantierte. (Siehe Asad, a.a.O.).

Sure 11, Vers 28

„(Noah) sagte: ,O mein Volk! Was denkt ihr? Wenn (es wahr sein sollte), dass ich meinen Standpunkt einnehme aufgrund eines klaren Beweises von meinem Erhalter, der mir Gnade von sich gewährt hat – (eine Offenbarung), der gegenüber ihr blind geblieben seid –: (wenn dies wahr sein sollte,) können wir es euch aufzwingen, auch wenn es euch verhasst ist?"

Muhammad Asad kommentiert:

„Dies bezieht sich auf die qur'anische Grundlehre, dass ,es keinen Zwang geben soll in Sachen des Glaubens' (Sure 2, Vers 256), wie auch auf die oft wiederholte Feststellung, dass ein Prophet nicht mehr als ,ein Warner und Überbringer froher Kunde' ist, was impliziert, dass seine Pflicht nur darin besteht, die ihm anvertraute Botschaft zu übermitteln. Der Plural ,wir' in diesem Satz bezieht sich auf Noah und seine Anhänger." (Asad, a.a.O.)

Sure 23, Vers 52-53

(52) „Und, wahrlich, diese eure Gemeinschaft ist eine einzige Gemeinschaft, da Ich der Erhalter von euch allen bin: bleibt euch denn Meiner bewusst!"
(53) „Aber sie (die behaupten, euch zu folgen,) haben ihre Einheit weit auseinander gerissen, Stück für Stück, und jede Gruppe ist (nur) über das erfreut, was sie selbst (an Lehren) besitzt."

Muhammad Asad kommentiert (zu Vers 52):

„Wie in Sure 21, Vers 92, ist der obige Vers an alle gerichtet, die wahrhaft an Gott glauben, was immer ihre historische Konfession auch sei. Durch die voranstehende Bezugnahme auf *alle* Gesandten Gottes impliziert der Qur'an klar, dass ihnen allen dieselben grundlegenden Wahrheiten eingegeben wurden und sie diese predigten, ungeachtet aller Unterschiede im Ritual oder den speziellen Gesetzen, die sie in Übereinstimmung mit den Erfordernissen der Zeit und der gesellschaftlichen Entwicklung ihrer Anhänger verkündeten." (Asad, a.a.O.; vergl. dazu auch M. Khorchide, Scharia, S.77 – siehe oben!)

Muhammad Asad kommentiert (zu Vers 53):

„Als erstes bezieht sich dieser Vers auf die verschiedenen religiösen Gruppierungen als solche: d. h. auf die Anhänger der einen oder anderen der früheren Offenbarungen, die sich im Laufe der Zeit innerhalb der verschiedenen ‚Konfessionen' verfestigten, wobei jede von ihnen eifersüchtig ihre eigenen Lehrsätze, Dogmen und Rituale hütete und äußerst intolerant gegenüber anderen Weisen der Anbetung (*manasik*, siehe Sure 22, Vers 67) wurde. Zweitens jedoch bezieht sich die obige Verdammung auf den Bruch der Einigkeit *innerhalb* jeder der etablierten religiösen Gruppen; und da dies für die Anhänger *aller* Propheten gilt, schließt es die späteren Anhänger von Muhammad auch mit ein und stellt somit eine Vorhersage und Verdammung der doktrinären Uneinigkeit dar, die in der Welt des Islam heute vorherrscht. (...) (Asad, a.a.O.).

Sure 21, Vers 92

„Wahrlich, (o ihr, die ihr an Mich glaubt,) diese eure Gemeinschaft ist eine einzige Gemeinschaft, da Ich der Erhalter von euch allen bin: betet denn Mich (allein) an!"

Sure 23, Vers 51

„O ihr Gesandte! Nehmt zu euch von den guten Dingen des Lebens und tut rechtschaffene Taten: wahrlich, Ich habe volles Wissen von allem, was ihr tut."

Muhammad Asad kommentiert:

„Diese rhetorische Anrede an alle Gesandten Gottes soll ihr Menschsein und ihre Sterblichkeit betonen und somit das Argument der Ungläubigen entkräften, dass Gott nicht ‚einen Sterblichen wie wir' zu Seinem Botschaftenüberbringer hätte wählen können: ein Argument, dass die Tatsache übersieht, dass nur Menschen, die selbst ‚von den guten Dingen des Lebens zu sich nehmen‘, fähig sind, die Bedürfnisse und Motive ihrer Mitmenschen zu verstehen und sie daher in ihren spirituellen und gesellschaftlichen Anliegen zu leiten.“ (Asad, a.a.O.).

Sure 23, Vers 52

„Und, wahrlich, diese eure Gemeinschaft ist eine einzige Gemeinschaft, da Ich der Erhalter von euch allen bin: bleibt euch denn Meiner bewusst!“

Muhammad Asad kommentiert:

„Wie in Sure 21, Vers 92 ist der obige Vers an alle gerichtet, die wahrhaft an Gott glauben, was immer ihre historische Konfession auch sei. Durch die voranstehende Bezugnahme auf *alle* Gesandten Gottes impliziert der Qur'an klar, dass ihnen allen dieselben grundlegenden Wahrheiten eingegeben wurden und sie diese predigten, ungeachtet aller Unterschiede im Ritual oder den speziellen Gesetzen, die sie in Übereinstim-

mung mit den Erfordernissen der Zeit und der gesell-
schaftlichen Entwicklung ihrer Anhänger verkündeten.
(Siehe Anmerkungen 66-68 zum zweiten Absatz von
Sure 5, Vers 48)." (Asad, a.a.O.). Siehe oben, S. 116 ff.

Sure 22, Vers 67-69

(67) Für jede Gemeinschaft haben Wir (verschiedene)
Weisen der Anbetung bestimmt, die sie befolgen sollten. Darum (o gläubiger Mensch,) lass nicht jene (die
anderen Weisen als deiner folgen,) dich in Dispute
über diese Sache hineinziehen, sondern rufe (sie alle)
zu deinem Erhalter: denn, siehe, du bist fürwahr auf
dem rechten Weg. (68) Und wenn sie (versuchen,) mit
dir (zu) streiten, sage (nur): ‚Gott weiß am besten, was
ihre tut.' (69) (Denn fürwahr,) Gott wird zwischen
euch (allen) am Auferstehungstag richten hinsichtlich
all dessen, worüber ihr uneins zu sein pflegtet."

Kinder Gottes und das Gesetz

1.

„Seht doch, liebe Brüder, auf eure Berufung. Nicht viele Weise nach dem Fleisch, nicht viele Mächtige, nicht viele Angesehene sind berufen. Sondern was töricht ist vor der Welt, das hat Gott erwählt, damit er die Weisen zuschanden mache; und was schwach ist vor der Welt, das hat Gott erwählt, damit er zuschanden mache, was stark ist; und das Geringe vor der Welt und das Verachtete hat Gott erwählt, das, was nichts ist, damit er zunichtemache, was etwas ist, damit sich kein Mensch vor Gott rühme." (1. Korinther 1, 26 - 29)

Siehe dazu auch die Seligpreisungen, die Jesus Christus in seiner Bergpredigt verkündete.
(Matthäus 5, 3 – 10)

„So haben wir doch nur einen Gott, den Vater, von dem alle Dinge sind und wir zu ihm; und *einen* Herrn, Jesus Christus, durch den alle Dinge sind und wir durch ihn." (1.Korinther 8, 6)

Chaim Cohn schreibt in seinem bemerkenswerten Buch „Der Prozess und Tod Jesu aus jüdischer Sicht" (1. Auflage 2001, original in englischer Sprache: 1997, ISBN 9783458344308) zur Verhaftung Jesu: „Es gab wahrlich genügend Gründe, weshalb die Menschen Jesus liebten. Nicht nur, dass er einer von ihnen war, der es dank der offenkundigen Gnade Gottes zu dem intellektuellen und moralischen Format gebracht hatte, nach dem ein jeder von ihnen – bewusst oder unbewusst – strebte. Sein Ruhm als Wundertäter, Heiler der Kranken, Tröster und Erlöser der Armen und Verfolgten, Ankläger der Korruption und – wie sie selbst – eingeschworener Feind der Reichen und Mächtigen war weit mehr als hinreichend, um ihm eine weitverbreitete Zuneigung und Verehrung zu sichern. Dass ‚Scharen' solcher begeisterter Anhänger auf irgendjemandes Einladung gekommen sein sollen, um bei der Verhaftung Jesu zu helfen, kann man nicht ernsthaft glauben." (Chaim Cohn, a.a.O., S. 117)

Und weiter schreibt Chaim Cohn: "Man hat behauptet, der Anspruch, der Christus zu sein, der im Himmel zur Rechten Gottes sitzen werde, stelle nach jüdischem Recht ein Eingeständnis der Gotteslästerung dar, das einer Leugnung des fundamentalen Prinzips des Monotheismus gleichkomme, der *per definitionem* kein göttliches Wesen neben Gott dulden könne. Doch indem Jesus behauptete, er werde – als Christus oder Messias – im Himmel das Privileg innehaben, zur Rechten Gottes zu sitzen, verstieß in keiner Weise gegen das Prinzip der Einzigkeit Gottes. Das wäre anders gewesen, hätte er tatsächlich beansprucht, Gottes Sohn zu sein. Wie wir jedoch bereits feststellten, muss jeder so lautende Anspruch, den ihm der Evangelist in den Mund legte, als eine spätere Interpolation zurückgewiesen werden. Gemäß dem, was man als Jesu eigene Worte erachten kann, sollen die Friedfertigen ‚Gottes Kinder' heißen (Mt. 5, 9) und heißt es: ‚Liebt eure Feinde, segnet, die euch fluchen, tut wohl denen, die euch hassen, und bittet für die, die euch beleidigen und verfolgen, damit ihr Kinder seid eures Vaters im Himmel' (Mt. 5, 44-45). Als großen Lohn guten Handelns verspricht Jesus: ‚Ihr werdet Kinder des Allerhöchsten sein'. (Lk 6, 35). In dem Sinne, in dem Jesus die Metapher ‚Kinder Gottes' verwendet, können auch die Begriffe ‚Sohn Gottes oder ‚Sohn des Hochgelobten' im Unterschied zu einem biologischen Sinn eine rein allegorische Bedeutung haben und auf den erwählten statt auf den natürlichen Sohn hinweisen. In dieser Hinsicht bestünde kein großer Unterschied zwischen dem Christus – oder Messias – und dem Sohn Gottes; der Christus wurde von Gott als sein Bote oder Prophet erwählt. Bei dem griechischen Begriff *Christos* handelt es sich um eine Übersetzung des hebräischen Wortes *Maschiach* (Messias), das den Gesalbten bezeichnet. Nicht nur der Messias, sondern alle von Gott Begünstigten sind Gesalbte – Priester, Könige, Propheten, ja sogar auf heilige Stätten und bewegliche Habe findet der Begriff Anwendung. Die Salbung stellt zwar ein Zeichen göttlicher Auszeichnung dar, doch es geht um eine Auszeichnung, die Menschen zuteilwird, also von ihrem Wesen her überhaupt nicht geeignet ist, Göttlichkeit zu konstituieren. Es ist ein Mensch, der von Gott dazu erwählt wird, ihm zu dienen, der von Gott zur Prophetie inspiriert wird oder dem sich selbst Gott offenbart, und es ist ein Mensch, den Gott liebt wie einen Sohn. Dass Jesus nach der ursprünglichen Überlieferung Sohn Gottes nur in diesem metaphorischen Sinn war, scheint sein Stammbaum, in der Gestalt, in der er in den Evangelien wiedergegeben ist (Mt 1, 2-16; Lk 3, 23-28), zu bestätigen." (Chaim Cohn, a.a.O., S. 181 f.)

2.

„Einige dieser Gesandten haben Wir höher ausgestattet als andere: unter ihnen waren solche, zu denen von Gott (Selbst) gesprochen wurde, und einige hat Er noch höher erhoben. Und Wir gewährten Jesus, dem Sohn der Maria, allen Beweis der Wahrheit und stärkten ihn mit heiliger Eingebung. Und wenn Gott es so gewollt hätte, dann hätten diejenigen, die jenen (Gesandten) folgten, nicht miteinander gestritten, nachdem aller Beweis der Wahrheit zu ihnen gekommen war; aber (wie es war) sie nahmen unterschiedliche Ansichten an, und manche von ihnen erlangten Glauben, während manche von ihnen dazu kamen, die Wahrheit zu leugnen. Doch wen Gott es so gewollt hätte, dann hätten sie nicht miteinander gestritten: aber Gott tut, was immer Er will." (Sure 2, 253)

„O Anhänger der Bibel! Nun ist Unser Gesandter zu euch gekommen, euch vieles von dem klarzumachen, was ihr von der Bibel (vor euch selbst) verborgen habt, und vieles zu verzeihen. Nun ist zu euch von Gott ein Licht gekommen und eine klare göttliche Schrift, durch die Gott allen, die Seine gefällige Annahme suchen, die Pfade zeigt, die zum Heil (*) führen, und sie durch Seine Gnade aus den Tiefen der Finsternis ins Licht bringt und sie auf einen geraden Weg leitet." (Sure 5, 15 – 16)

(*) Muhammad Asad begründet diese, seine Übersetzung („Heil") folgendermaßen (vergl. Asad, a.a.O., Anmerkung 29): „Das Wort *salam* bezeichnet inneren Frieden, Wohlsein und Sicherheit vor jeder Art von Übel, sowohl physisch wie spirituell, und die Erlangung dessen, was in christlicher Terminologie als ‚Erlösung' bezeichnet wird: jedoch mit dem Unterschied, dass der christliche Begriff der Erlösung die Existenz eines apriorischen Zustands der Sündhaftigkeit voraussetzt, der im Christentum durch die Lehre von der ‚Erbsünde' gerechtfertigt wird, aber im Islam, der dieser Lehre nicht beipflichtet, keinerlei Grundlage besitzt. Das

deutsche Wort ‚Heil' oder das französische ‚salut'
bringen beide die Vorstellung von spirituellem Frieden
und Erfüllung zum Ausdruck. Im Gegensatz zum engli-
schen ‚salvation' sind sie nicht notwendigerweise (d.h.
sprachlich) mit der christlichen Erlösungslehre verbunden."

„O Anhänger der Bibel! Nun, nach einer langen Zeit
während der keine Gesandten erschienen sind, ist
(dieser) Unser Gesandter zu euch gekommen, um
euch (die Wahrheit) klarzumachen, damit ihr nicht
sagt: ‚Kein Überbringer froher Kunde ist zu uns gekommen, noch irgendein Warner'; denn nun ist ein
Überbringer froher Kunde und ein Warner zu euch gekommen – da Gott die Macht hat, alles zu wollen."
(Sure 5, 19)

3.

Vom Almosen geben oder Die Bekehrung des reichen Landbesitzers

Der Buddha reihte sich einst zum Essensempfang in
die lange Schlange von Saisonarbeitern auf dem Feld

eines reichen Landbesitzers ein, welcher es sich nicht nehmen ließ, das Essen höchstpersönlich an je-den einzelnen seiner Arbeiter auszuteilen.

Von den Lohnarbeitern unterschied sich der Buddha allerdings allein schon aufgrund des Mönchsgewandes, das er ständig trug, sehr deutlich. Der Arbeit und Reis gebende reiche Landbesitzer sah deshalb schon von weitem, dass dieser Mann, der zudem keinerlei Arbeitsgeräte bei sich trug, nicht auf seinen landwirtschaftlichen Feldern tätig gewesen sein konnte.

Als der Buddha schließlich zum Essensempfang direkt vor ihm stand, sagte er deshalb zu ihm: „Ich pflüge und säe, und erst dann esse ich!" – „Auch ich pflüge und säe, und dann esse ich", entgegnete der Buddha. – „Wie denn das?" sagte daraufhin der reiche Landbesitzer, „ich sehe bei ihm weder Pflug noch Joch und Gespann zum Ziehen des Pfluges. Wie will er denn da arbeiten können?" – „Mein Pflug ist Weisheit, mein Zuggespann ist Willenskraft, ich säe Glaubensvertrauen und ernte die Frucht des Ewigen Lebens. Wer solche Feldarbeit vollbringt, der ist von allem Leid befreit", entgegnete ihm der Buddha.

Der reiche Landbesitzer zeigte sich von den Worten des Buddhas scheinbar überzeugt. Er sagte: „Okay!" und griff zur Essenskelle, um dem Buddha damit eine Portion Reis zu geben.

In diesem Moment wies der Buddha jedoch den Empfang des Reises freundlich, aber bestimmt zurück. Denn nach seiner, des Buddhas Lehre bringt eine Spende, die nur aufgrund eines rhetorischen Sieges des Bittstellers errungen wird, dem Spender keinerlei religiösen Verdienst.

Der reiche Landbesitzer war völlig überrascht von dieser ungewöhnlichen Zurückweisung, ja er fühlte sich in seiner Machtposition, seiner Ehre und seinem Stolz so stark in Frage gestellt und getroffen, dass er den Reis kurzerhand wortlos aus der Kelle geringschätzig in den nahe vorbei fließenden Bach warf, anstatt ihn dem nächsten, auf seine Zuteilung wartenden Arbeiter zu geben.

Und die Moral von der Geschichte?
Eine herablassend gegebene, kleine oder auch größere Gabe ist kein echtes Almosen, keine wirklich milde Gabe an Arme und Bedürftige. Ein echtes Almosen erfordert nämlich, zunächst und zu allererst, dass der

Spender von seinem eigenen hohen Ross herabsteigt. Denn ein Almosen im Sinne eines religiösen Verdienstes erfordert die Übergabe auf gleicher Augenhöhe und ohne Ansehen der Person, eine Übergabe ohne Eitelkeiten und ohne ein besonderes Sich-in-Szene-setzen. (Siehe dazu auch die Bergpredigt von Jesu Christi!).

Dass der Buddha bei jenem reichen Landbesitzer nicht nur mit seinen Worten, sondern tatsächlich mit dem Einsatz seines ganzes Leibes gearbeitet hatte, zeigte sich im Übrigen darin, dass eben dieser reiche Landbesitzer, kurz nach der beschriebenen Begegnung mit dem Buddha, sich zu dessen Lehre bekannte, seinen gesamten Besitz aufgab und ihm als Mönch nachfolgte. Das Glaubensvertrauen, das der Buddha mit Weisheit und Willenskraft als Wortsamen tief in sein Herz hinein gesenkt hatte, war aufgegangen!

(Überlieferung dieser Geschichte unter anderem bei: Hans Wolfgang Schumann, Der historische Buddha. Leben und Lehre des Gotama. München 1990, 3. Aufl., ISBN 3-424-00923-7, S. 143 f.).

4.

Hindus, Buddhisten, Juden, Christen und Muslime ge-
stalteten und gestalten, pflegten und pflegen ihr reli-
giöses Leben mithilfe von rituellen Vorschriften.

Im Buddhismus führte die unglaubliche Vielzahl an
Vorschriften für Nonnen und Mönche im sechsten
nachchristlichen Jahrhundert dabei zu einer formal-
reduktionistischen Gegenbewegung, den Zen-Buddhis-
mus. Eine Gegenbewegung, die mit ihrer Lehre interessanterweise nicht das Nachdenken über den Sinn
des Lebens befeuerte, sondern – im Gegenteil – jeden
Sinn, jede Hinterfragung des Lebens, in der Befolgung
von wenigen beibehaltenen Ritualen vollständig aufhob.

Es war der buddhistische Mönch Bodhidharma, der,
zwischen 440 und 528 n. Chr. lebend, den erdrücken-
den Ballast an buddhistischen Regeln und Traditionen
aufhob und, back to the roots, sich auf den Kern der
buddhistischen Lehre konzentrierte. Das war die Ge-
burtsstunde des Zen.

Theo Fischer sieht dabei – in seinem Buch „Wuwei.
Die Lebenskunst des Tao." (14. Aufl. 2001 (Erstauflage

1992), rororo, Reinbek bei Hamburg, ISBN 3-499-19174-1) – Boddhidharma, der von Indien nach China wanderte, unter dem Einfluss des Taoismus in China seine neue Lehre entwickeln: „Das Aufhören gedanklicher Trennung ist eines der Hauptthemen des Zen-.Buddhismus. Zen ist der geistige Erbe des Taoismus. Als damals ein buddhistischer Mönch namens Boddhidharma mit der Lehre Buddhas nach China kam, wurde diese sehr stark vom Wissen des Tao beeinflusst. Da sich in den Grundzügen der Struktur der Schöpfung und der Wesensart des Schöpfers (die die einen Tao, die anderen Buddha-Natur nannten) außer der Namensgebung keine wesentlichen Differenzen ergaben, verschmolzen die Lehre des Gautama, genannt Buddha, und der von Laotse und Dschuang Dsi (Tschuang Tzu) miteinander." (Theo Fischer, a.a.O., S. 86).

In welcher Kultur wir aufwachsen und leben, welchem Glaubensbekenntnis wir folgen oder auch nicht, welche äußeren gesellschaftlichen und natürlichen Rahmenbedingungen unserer Existenz auf dieser Erde einen Raum zur Entfaltung geben oder uns einschränken (einschränken oft bis zur Schmerzgrenze und darüber hinaus), das alles ist für Gott nicht das entscheidende Kriterium für seine Liebe und Wertschätzung.

Als Beleg dafür zitiere ich (als Christ) 4 Stellen aus der Bibel:

(1) „... Denn nicht sieht der Herr auf das, worauf ein Mensch sieht. Ein Mensch sieht, was vor Augen ist, der Herr aber sieht das Herz an."
(1. Samuel 16, 7)

(2) „Petrus aber tat seinen Mund auf und sprach: ‚Nun erfahre ich in Wahrheit, dass Gott die Person nicht ansieht; sondern in jedem Volk, wer ihn fürchtet und recht tut, der ist ihm angenehm.'" (Apostelgeschichte 10, 34-35)

(3) „Denn es ist kein Ansehen der Person vor Gott. (...) Denn vor Gott ist nicht gerecht, die das Gesetz hören, sondern die das Gesetz tun, werden gerecht sein. Denn wenn Heiden, die das Gesetz nicht haben, doch von Natur tun, was das Gesetz fordert, so sind sie, obwohl sie das Gesetz nicht haben, sich selbst Gesetz. Sie beweisen damit, dass in ihr Herz geschrieben ist, was das Gesetz fordert . (...)" (Römer 2, 11-15)

(4)   „Herrlichkeit aber und Ehre und Frieden allen denen, die Gutes tun, zuerst den Juden und ebenso den Griechen. Denn es ist kein Ansehen der Person vor Gott." (Römer 2, 10).

Nun, wer macht denn ein Gesetz? Es ist das Volk, wirksam durch seine Repräsentanz, der Volksvertretung. Gott ist, um in dieser bildhaften Sprache zu bleiben, mit dem Volk, und nicht mit seiner Repräsentanz gleichzusetzen. Somit ist es wirklich blanker Unfug, Jesus Christus als Gott zu bezeichnen!

Immer wieder gibt es in der Menschheitsgeschichte leider Menschen, die sich zu einem gottgleichen Wesen erklären, um damit vollständig über andere Menschen zu herrschen. Diese „Gottkönige", Diktatoren, Autokraten, Alleinherrscher zeichnen sich immer dadurch aus, dass sie jede Freiheit des einzelnen unterdrücken und austilgen wollen.

Ganz anders aber ist der wahre Gott, der uns zur Freiheit berufen hat! Er tut das, weil er uns lieb hat und deshalb gerade nicht ausbeuten und natürlich erst recht nicht in irgendeiner Weise vergewaltigen oder sonst wie unterdrücken oder schändlich behandeln will. Deshalb kennen wir auch aus allen Heiligen Büchern nur Gebote, niemals Verbote!

Es ist also stets die Volksrepräsentanz, die sich um eine Verfassung für das menschliche Gemeinwesen bemüht, kämpft und streitet. Gott, das übergeordnete Gesetz, hat keine Mühen, keinen Kampf, keinen Streit nötig!

Die unveräußerlichen Menschenrechte geben uns dazu einen Vorgeschmack, was sich hinter dem übergeordneten Gesetz verbirgt, einem Gesetz, welches alleine unser Leben bestimmt und damit jede noch so hoch gelobte, irdische (und somit auch zeitlich, d. h. in ihrer Wirkung auf dieser vergänglichen Erde stets begrenzte), isolierte Betrachtungsweise seiner Repräsentanzen verwirft. Denn, wie gesagt, eine Repräsentanz ist niemals die ganze Wirklichkeit und Wahrheit selbst, die sie vertritt, auch wenn sie ihr Sprachrohr ist!

5.

Am 5. März 2016 hielt der römisch-katholische Bischof Norbert Trelle anlässlich einer jüdisch-christlichen Gemeinschaftsfeier eine Predigt zum Thema: „UM GOTTES WILLEN – ‚Nicht du trägst die Wurzel, sondern die Wurzel trägt dich'", also eine Predigt über Römer 11, 16b-18 (siehe: https://www.deutscher-koordinierungsrat.de/wdb-texte-Bischof-Trelle-CJG-2016 ; abgerufen am 6. März 2019). Vehement weist er darin die Interpretation des Römerbriefes (Kap. 9-11) zurück, wonach Gott angeblich das ungläubige Volk der Juden verstoßen und an seiner Stelle das Christentum als auserwähltes Volk gesetzt habe. „Denn auf der wissenschaftlichen Ebene der neutestamentlichen Exegese", so sagt es der Bischof in seiner Predigt, „ist man sich heute einig: Paulus war nicht ein Feind der Juden … Er ist durch eine tiefe Liebe zum jüdischen Volk geprägt – und zwar nicht nur, weil es das Volk seiner Väter ist, sondern vielmehr noch aus einem zentralen theologischen Grund: Dieses Volk ist das von Gott erwählte, dasjenige, auf das sich Gottes Heilszusage bezieht. Und das diese Erwählung von Gott nicht rückgängig gemacht wird, ist für Paulus klar." (Siehe dazu Römer 11, 1: „So frage ich nun: Hat denn Gott sein Volk verstoßen? Das sei ferne!").

Gottes Bund mit Israel wurde, auch nach christlicher Überzeugung, also nie von Ihm aufgekündigt oder widerrufen. Juden sind also nicht von Gottes Heil ausgeschlossen, auch wenn Jesus für sie kein Messias war und ist. Im Gegenteil: Die Glaubensgeschichte des Volkes Israel ist für die Anhänger Jesu von ganz zentraler Bedeutung: „So wie die Zweige eines Baumes von der Wurzel genährt werden, selbst wenn sie nachträglich hinzukommen, aufgepfropft werden", sagt der römisch-katholische Bischof, Paulus' Worte nachzeichnend. Und weiter: „Das Christentum hat einen jüdischen Ursprung, und es ist konstitutiv auf den Bund Gottes mit Seinem Volk Israel bezogen."

Siehe dazu auch die Warnung des Paulus an die Heidenchristen – d. h. an diejenigen, die vor ihrem christlichen Glaubensbekenntnis erklärte Heiden, also keine Juden waren – vor Überheblichkeit (-> Römer 11, 17 – 24)!

„Denn von Ihm und durch Ihn und zu Ihm sind alle Dinge. Ihm sei Ehre in Ewigkeit! Amen."
(Römer 11, 36)

6.

Es ist, leider, allgemein weniger bekannt, dass in Israel völlige Religionsfreiheit herrscht und es auch keine Todesstrafe gibt (sie wurde seit 1948/1949, also seit Gründung des Staates Israel, nur einmal – in einem Ausnahmefall (-> Eichmann) – verhängt und vollzogen). Homosexuelle werden nicht verfolgt, die Verfassung garantiert Gleichberechtigung von Männern und Frauen. Es herrscht Meinungsfreiheit in einer parlamentarischen Demokratie, es gibt keine Schlachtopfer (http://www.hagalil.com/judentum/feiertage/pessach/opfer.htm ; abgerufen am 29.01.2019) und es leben in Israel im Verhältnis zur Gesamtbevölkerung so viele Veganer wie in keinem anderen Land auf diesem Erdball. Entsprechend stark ist dort auch die Bewegung für Tierrechte und Tierschutz!

Und mehr noch: Der israelische Staat kommt für den Unterhalt aller Heiligen Stätten (also auch Kirchen und Moscheen) in seinem Land auf, druckt & verteilt Heilige Schriften (auch den Koran) und – es erscheint unglaublich, ist aber wahr – bezahlt die Ämter, die zum aktiven Betrieb der Heiligen Stätten unabdingbar sind, sprich: er zahlt Gehälter auch an christliche Priester und muslimische Imame!

(Quellen, abgerufen am 18.01.2019:

https://de.wikipedia.org/wiki/Israel ;

https://de.wikipedia.org/wiki/Religionen_in_Israel ;

https://haolam.de/de/israel-nahost/artikel_4011.html ; https://www.travelnews.ch/destinationen/8116-israel-der-hotspot-fuer-veganer.html .)

Also: Mit dem alten israelitischen Reich, wie es uns die Bibel übermittelt, hat das moderne Israel wenig zu tun. Ein Grund mehr, im Hier und Jetzt zu leben, und nicht in den alten Zeiten mit deren Problemen!

Ich weiß, es ist immer schwierig, in dem unübersicht-lichen, politisch-militärischen Gemengelage des Nahen Ostens nicht in eine Freund- oder Feindschablone ge-presst zu werden, wenn man Sympathien äußert, wie ich leutselig ist und im Grunde niemanden auf dieser Welt wirklich hassen kann. Ich selbst bin noch dazu weit entfernt, irgendeinen Staat auf diesem Erdball über den Klee zu loben. Denn überall, wo wir Men-schen auftreten, wirklich überall, hinterlassen wir schwarze Flecken. Mit reiner weißer Weste habe ich jedenfalls hier noch niemanden rumlaufen sehen! Irgendwann muss jede scheinbar weiße Weste auf dieser Erde auch gewaschen werden, und das immer wieder!

Nun, auch von jüdischer Glaubensseite steht man mithin keineswegs ablehnend den Andersgläubigen gegenüber, im Gegenteil! Ich zitiere dazu aus dem „Brit Olam, Noahide World Center":

„Über Bnei Noach

Bnei Noach ist hebräisch und bedeutet ‚Kinder Noahs'. Grundsätzlich sind damit alle Menschen gemeint, weil alle Menschen von Noah abstammen (biblische Geschichte der Sintflut). Wenn wir heute von Bnei Noach sprechen, meinen wir in der Regel jedoch nur die, die sich als Bnei Noach identifizieren und die 7 Gebote, die der biblische Noah gehalten hat, auch einhalten.

Die 7 Gebote sind sieben ethische Grundsätze, die das friedliche Zusammenleben der Menschheit und eine harmonische Beziehung zur Natur und zum Schöpfer ermöglichen.

Viele Religionen in dieser Welt schließen nur ihre ‚Gläubigen' in ihre religiöse Welt ein. Die ‚Ungläubigen' haben keinen Anteil an dem Guten. Das Judentum als Ur-Religion hat jedoch eine universale Weltanschauung und schließt alle Menschen ein.

Gemäß dem Judentum ist ein Nichtjude nur verpflichtet die 7 Noachidischen Gebote einzuhalten (im Gegensatz zu den Juden, die alle Gebote der Torah (Bibel) einhalten müssen). Tut er dies, erfüllt er seine Lebensaufgabe, ist ein ‚Gerechter der Nationen' und genießt einen speziellen Status im Judentum und im Land Israel. Er braucht nicht ‚religiös' zu sein. Die 7 Gebote stehen im Einklang mit einem freien, modernen und genussvollen Leben und jeder Noachide kann selber wählen, wie stark er sich mit theologischen Themen auseinandersetzen möchte oder ob ihm die einfache Einhaltung der ethischen Grundsätze genügt.

Kurz gefasst: Die 7 Noachidischen Gebote sind die Antwort des Judentums auf die Frage eines Nichtjuden, nach welchen Grundsätzen er leben soll. Sie sind gemäß dem Judentum die Schlüssel für eine Welt in Frieden und Harmonie, eine Welt wo sich alle Menschen gegenseitig respektieren, wo fair gehandelt wird

und wo Verantwortung genommen wird über die Schöpfung."
(http://noahideworldcenter.org/wp_de/?page_id=488 abgerufen am 30.10.2018).

7.

Im Rahmen von Forschungen ist es natürlich erlaubt, umfangreicher aus fremden Werken zu zitieren. Ich mache das in diesem Buch des Öfteren auch. Nicht, um mich mit fremden Federn zu schmücken, sondern weil ich es als Aufgabe meiner Forschertätigkeit sehe, sowohl eine unmittelbare Überprüfbarkeit meiner Positionen als auch eine einfache Zurückverfolgung von Impulsen, die mich während meiner Studien erreichten, zu gewährleisten. Selbstverständlich mache ich dazu auch immer genaue Quellenangaben und wünsche mir, dass die zitierten Werke sich möglichst oft verkaufen bzw. angeklickt oder ausgeliehen werden.

Sowenig ich mit dieser Verfahrensweise „in fremden Revieren wildern" möchte, sowenig akzeptiere ich allerdings auch eine „Schere im Kopf" – weil ich Angst hätte, dass mich irgendwer wegen meiner aufrichtigen

150

Haltung an den Pranger stellen oder gar schmerzlich – aus welchen Gründen zu was auch immer – verurteilen würde.

Ich schreibe das in dieser Ausführlichkeit, weil ich nun in meinem abschließenden Kapitel näher auf eines der jüngeren Veröffentlichungen des Dalai Lama eingehen werde und ihn dazu mit einigen nicht abgezählten Buchstaben zitieren muss.

Ich bekenne mich zur Freiheit von Wissenschaft und Kunst und wehre mich gegen jeden möglichen Versuch, mir einen Maulkorb umzuhängen. Ich denke, das ist auch im Sinne des Dalai Lama selbst. Wirtschaftliche Potenz darf keine Meinungsfreiheit erdrücken! Und wenn nur irgendwo irgendwie bei mir der Versuch dazu unternommen werden würde, dann ginge ich sofort auf die Barrikaden; denn das freie Wort muss gewährleistet bleiben!

„Der Appell des Dalai Lama für eine säkulare Ethik und Frieden

Seit Jahrtausenden wird Gewalt im Namen von Religionen eingesetzt und gerechtfertigt. Religionen waren und sind oft intolerant. Um politische oder wirtschaftliche Interessen durchzusetzen, wird Religion oft missbraucht oder instrumentalisiert – auch von religiösen Führern. Deshalb sage ich, dass wir im 21. Jahrhundert eine neue Ethik jenseits aller Religionen brauchen. Ich spreche von einer säkularen Ethik, die auch für über eine Milliarde Atheisten und für zunehmend mehr Agnostiker hilfreich und brauchbar ist. Wesentlicher als Religion ist unsere elementare menschliche Spiritualität. Das ist eine in uns Menschen angelegte Neigung zur Liebe, Güte und Zuneigung – unabhängig davon, welcher Religion wir angehören.

Nach meiner Überzeugung können Menschen zwar ohne Religion auskommen, aber nicht ohne innere Werte, nicht ohne Ethik. Der Unterschied zwischen Ethik und Religion ähnelt dem Unterschied zwischen Wasser und Tee. Ethik und innere Werte, die sich auf einen religiösen Kontext stützen, sind eher wie Wasser. Ohne Wasser kein Leben. Der Tee, den wir trinken, besteht zum größten Teil aus Wasser, aber er enthält noch weitere Zutaten – Teeblätter, Gewürze, vielleicht ein wenig Zucker und – in Tibet jedenfalls – auch eine Prise Salz, und das macht ihn gehaltvoller, nachhaltiger und zu etwas, das wir jeden Tag haben möchten. Aber unabhängig davon, wie der Tee zubereitet wird: Sein Hauptbestandteil ist immer Wasser. Wir können ohne Tee leben, aber nicht ohne Wasser. Und genau so werden wir zwar ohne Religion geboren, aber nicht ohne das Grundbedürfnis nach Mitgefühl – und nicht ohne das Grundbedürfnis nach Wasser." (Der Appell des Dalai Lama an die Welt. Mit Franz Alt. Ethik ist wichtiger als Religion. (Benevento Publishing 2015, Wals bei Salzburg. 13. Auflage 2016, ISBN 978-3-7109-0000-6, S.9-10)

Der Dalai Lama äußert sich in seinem hier zitierten Werk – wie immer, wenn er an die Öffentlichkeit tritt – rhetorisch sehr geschickt, aber für meine Gefühle doch etwas zu pauschalisierend., wenn er z. B. sagt: „Religionen (auch die buddhistische ist damit gemeint, K.A.) waren und sind oft intolerant." Er selbst kehrt, trotz dieser Aussage, seiner eigenen Religion allerdings nicht den Rücken zu und entledigt sich der Uniform seines eigenen, buddhistischen Mönchsgewandes nicht.

Wie ich in meinem Buch hoffentlich gut darlegen konnte, trifft die Aussage, dass Religionen oft intolerant seien, für den Wesenskern aller Religionen keinesfalls zu, ganz im Gegenteil! Es sind Menschen, ob religiöse oder nicht, die intolerant sind. „Religion" dafür verantwortlich zu machen, egal welche, trifft einfach nicht zu. Ich würde also erst einmal bei meiner Religion bleiben, und nicht gleich das Kind mit dem Bad ausschütten.

Naja, ganz so hat das der Dalai Lama dann doch nicht gemeint, denn er betont ja gleich im nächsten Satz: „Um politische oder wirtschaftliche Interessen durchzusetzen, wird Religion oft missbraucht oder instrumentalisiert – auch von religiösen Führern." Nun, wer wollte ihm da widersprechen, Recht hat er. Aber gehört er nicht selbst zu dieser Art von religiösen Führern? Das ist es ja, was ihm die Vertreter der Volksrepublik China seit Jahrzehnten vorwerfen!

Nun, das was Gott über Seine Propheten herabgesandt hatte, war immer unbefleckt. Was Menschen dann daraus machten oder machen, ist eine ganz andere Sache. Und die ist oft schlimm genug. So schlimm, dass ich dem Dalai Lama schlussendlich dann doch beipflichte, wenn er dazu auffordert, unabhängig von Religion (also völlig unabhängig von speziellen Glaubensbekenntnissen) ethische Regeln einzuhalten.

Äußere, besonders zur Schau gestellte Etiketten (wie z. B. das Tragen der Uniform eines buddhistischen Mönches oder das Tragen einer Vollverschleierung (Burka) durch eine Muslima) als Ausdruck der totalen Hingabe an eine ganz bestimmte Konfession, sind – und auch hier hat der Dalai Lama ironischerweise Recht – in der Tat nicht immer vorteilhaft und hilfreich, wenn es darum geht, love and peace, die aus dem inneren Herzen entspringen, schrankenlos (und das heißt natürlich auch: über gängige Vorurteile hinweg) zu verbreiten. Auch an dieser Stelle denke ich wieder an Jesu Worte in seiner Bergpredigt!

...Und dennoch freue ich mich natürlich, klar, wenn es trotz aller widrigen Umstände auf dieser Welt ganz

verschiedenen, hohen religiösen Würdenträgern gelingt, über alle Unterschiede in ihrer Glaubenspraxis hinweg zum gemeinsamen Kern ihrer Konfessionen vorzustoßen und dies zusammen auch öffentlich zu bekennen! Als Beispiel hierfür: https://www.kirche-und-leben.de/artikel/erste-papstmesse-auf-der-arabischen-halbinsel/,
https://www.vaticannews.va/de/papst/news/2019-02/papst-franziskus-abu-dhabi-imam-erklaerung-al-azhar-frieden.html   ,
https://www.vaticannews.va/de/papst/news/2019-02/papst-franziskus-abu-dhabi-heilige-messe-seligpreisungen-frieden.html   ,
https://www.vaticannews.va/de/papst/news/2019-02/papst-franziskus-abu-dhabi-wortlaut-papstpredigt-heilige-messe.html .;abgerufen am 5. Februar 2019.
https://www.zeit.de/news/2019-02/04/historische-papst-reise-in-emirate-190204-99-840585
https://www.vaticannews.va/de/papst/news/2019-01/papst-franziskus-abu-dhabi-islam-zitate-uebersicht-muslime.html ;abgerufen am 6. März 2019.

8.

Kein Mensch auf dieser Welt würde übrigens stets nur Wasser trinken wollen oder können, auch wenn er sich noch so stark danach sehnt. Das System Mensch – nicht nur das mentale, sondern auch das leibliche – ist für seine individuelle und gesellschaftliche Funktionsfähigkeit nämlich zwingend auf anregende Stoffe angewiesen – Stoffe für den Stoffwechsel, die Wasser alleine niemals liefern kann. Es bleibt uns auf dieser Erde deshalb überhaupt nichts anderes übrig, als bekennend und parteilich aufzutreten und zu kommunizieren, also außer Wasser auch noch Tee, Kaffee, Kakao, Limonade, Gemüsebrühe, Smoothies oder sonst etwas zu trinken und es jeweils für gut und nützlich (oder auch nicht) zu befinden.

Das ist ja auch an sich gar nicht schlimm. Wichtig ist nur, dass wir über die jeweiligen Wirkungen – und somit auch über die uns gestaltenden Kräfte und deren Ausstrahlung innerhalb der Gemeinschaft, in der wir uns mit einem ganz speziellen Stoff versorgen und diesen uns einverleiben – bewusst sind und bewusst bleiben. Jedem Stoff haften nämlich außer dem individuellen und gemeinschaftlichen Gewinn, die er mit sich bringt, auch Risiken & Nebenwirkungen an. Diese können jedoch von jedem Menschen zu jedem Zeitpunkt – bei freiem Willen und freier Handlungsfähigkeit – erheblich minimiert oder sogar durch Abstinenz bzw. Substitution komplett eliminiert werden.

Wir können meist viel intensiver sowohl nach dem Guten suchen (und es finden) und Übles meiden (und es ausschalten), als wir es uns eingestehen. Die Botschaften unserer Religionen helfen uns dabei. Sie sind ein echter Gewinn und keinesfalls ein Ballast für den Einzelnen und die Gemeinschaft, die ihn am Leben erhält.

Literaturhinweise

Verwendete Literatur / Links: Siehe im Text!

Bibel: Thompson Studienbibel. (1986, Hänssler-Verlag), ISBN 3-7751-1586-2; The Holy Bible, New King James Version. (1982, Thomas Nelson, Inc.).

Koran: Muhammad Asad, Die Botschaft des Koran. Übersetzung und Kommentar. Ostfildern (Patmos-Verlag), 3. Auflage 2013, ISBN 978-3-8436-0109-2.

Fotonachweise

Titelseite: Strand bei Famagusta (Zypern, 2018); S.23 : Heinrich-Rauch-Quelle bei Heubach (Odenwald,2012); S.29: Menhiranlage bei Roßdorf (Odenwald, 2017); S.160: Autor + Hündin „Lara" (Darmstadt, 2017); Rückseite: Turunclu Moschee in Lefkosa (Zypern, 2018).

Über den Autor

Klaus Ansorg, geboren 1955, Abitur, Wehr- und Zivildienst, Studium der Neueren Geschichte, Politikwissenschaft und Pädagogik. Diverse Erwerbstätigkeiten währenddessen und unmittelbar danach. Ausbildung zum Großhandelskaufmann und Arbeit als Kaufmannsgehilfe (in der Vertriebsassistenz sowie Verkaufssachbearbeitung). Ausbildung zum Altenpfleger und Arbeit als Pflegefachkraft (in der Ambulanten Pflege). Überzeugter Veganer, verheiratet mit Anja. Veröffentlichungen: Johann Plenges Sozialismusvorstellungen.(Studie, R.G.Fischer, 1984); Lasst die Jossa leben! (Prosa, Verlag Klaus Ansorg, 1986); Licht, Empfängnis und Tradition. Ein Beitrag zum Religionsverständnis. (Studie, Selbstverlag, 1996); Ich bin auch treu, nur nicht so regelmäßig! (Roman, BoD, 2016).